イスラム世界を訪《たず》ねて

目的地は、学校です

井上 直也 文・写真

かもがわ出版

まえがき――エジプト人とアメリカ人の「もてなし《ホスピタリティ》」

　イスラム世界が、近年、世界史のなかで大きく動き始めたのは、アメリカ合衆国における2001年9月11日の同時多発テロ事件《じけん》からでした。事件の直後、わたしは北アフリカの、イスラム教を国教とするエジプト、チュニジア、モロッコの学校を訪問《ほうもん》しました。この3か国の国民の大多数は、イスラム教を信じるアラブ人です。訪《たず》ねた学校の先生たちは9月11日の事件に対する関心が高く、「無差別テロは決してすべきでない」と前おきしながら、わたしに対してあいさつがわりに次のような質問《しつもん》をしました。

「どこから来ましたか」

「あなたはアメリカの敵《てき》ですか、友だちですか」

「ヒロシマに原爆《げんばく》が落とされたのに、なぜ日本はアメリカと付き合うのですか」。

　あるときは9月11日後の新聞の風刺漫画《ふうしまんが》を見せながら穏《おだ》やかに、あるときは拳《こぶし》を固くにぎりしめながら熱く。わたしはそんな彼《かれ》らにこんな話を返しました。

　わたしもアメリカには頭にくることがあるけれども、ちょっと聞いてください。

　1971年夏、わたしたちは日本人の子ども42人を連れて、アメリカ合衆国の二都市でホームステイ（家庭滞在《たいざい》）をした。子どもたちは、わたしが主宰《しゅさい》する英語教室に通う一年生から六年生までの小学生です。ロサンゼルスでは夏休みにもかかわらず、訪問先の小学校の生徒たちが、日米の国旗を持って校庭に立ち、歓迎《かんげい》してくれました。女性《じょせい》校長が先頭にいらっしゃいました。わたしたちの頭にはこんなシナリオはありませんでした。

　ベトナム戦争のさなかでさえ、アメリカ人はわたしたち異邦人《いほうじん》・異教徒に対して親切にもてなしてくれました。アメリカ人家庭は、心から日本の子どもたちの面倒《めんどう》をみてくれました。アメリカ国民はこういう精神《せいしん》を持っています。

一方わたしは、意地悪な質問をある小学校の校長先生にしたことがあります。

「あなたたちの国エジプトはイギリスとの長く苦しい戦争の末、独立《どくりつ》を獲得《かくとく》しました。いまイギリスは友だちですか、敵ですか」。

こんな打ちとけた会話のあとその小学校の授《じゅ》業《ぎょう》見学をします。エジプトのカイロをナイル川に沿《そ》って、南へさかのぼり、とある町の小学校を訪《おとず》れます。老校長は事前の予約《アポイントメント》なしの訪問にもかかわらず、こころよくわたしを教室に案内し、全生徒に紹介してくれました。午前中は生物、化学、アラビア語などの授業《じゅぎょう》を見る。男女共学だが、男の子と女の子は別々の机《つくえ》。校長はわたしのために1時からサッカーの試合をすることを決めてくれました。

わたしは学校の外で昼食をすませたあと、ふたたび校門をくぐってびっくりしました。エジプトの国旗が掲《かか》げられ、430人の全生徒が広い校庭を囲んでいたのです。子どもたちの発散するエネルギーは、照りつける太陽を圧倒《あっとう》するほどでした。校長はわたしにサッカーを見せるために、全生徒を校庭に出してくれたのです。わたしは胸が熱くなりました。

アラブ人でイスラム教徒（ムスリム）の老校長は、わたしのような異邦人・異教徒の客人を、まるで長いこと待っていたかのように、「よく来てくれたな」と、慈愛《じあい》に満ちたまなざしで親切に接《せっ》してくれました。

エジプト人とアメリカ人。人をもてなす気持ちに変わりはありません。

アメリカ人は日本から来た子どもたちを、日米合同の授業に参加させるだけでなく、ディズニーランドやユニバーサル・スタジオに連れていき、アメリカをよく知って楽しんでもらおうとしてくれました。旺盛《おうせい》なサービス精神です。エジプト人は不意にやって来た日本人に、ごく自然に、「なにもないがわたしの家族を、わたしの自慢《じまん》の子どもたちを見て、エジプトを、アラブ世界をよく知ってください」ともてなしてくれました。

人を思いやる気持ちということでは、ふたつの世界は同じなのです。

イスラム世界を訪《たず》ねて――目的地は、学校です　目次

西アジアの国ぐに

東ヨーロッパの国ぐに

北アフリカの国ぐに

東アフリカの国ぐに

西アフリカの国ぐに

西アジアの国ぐに

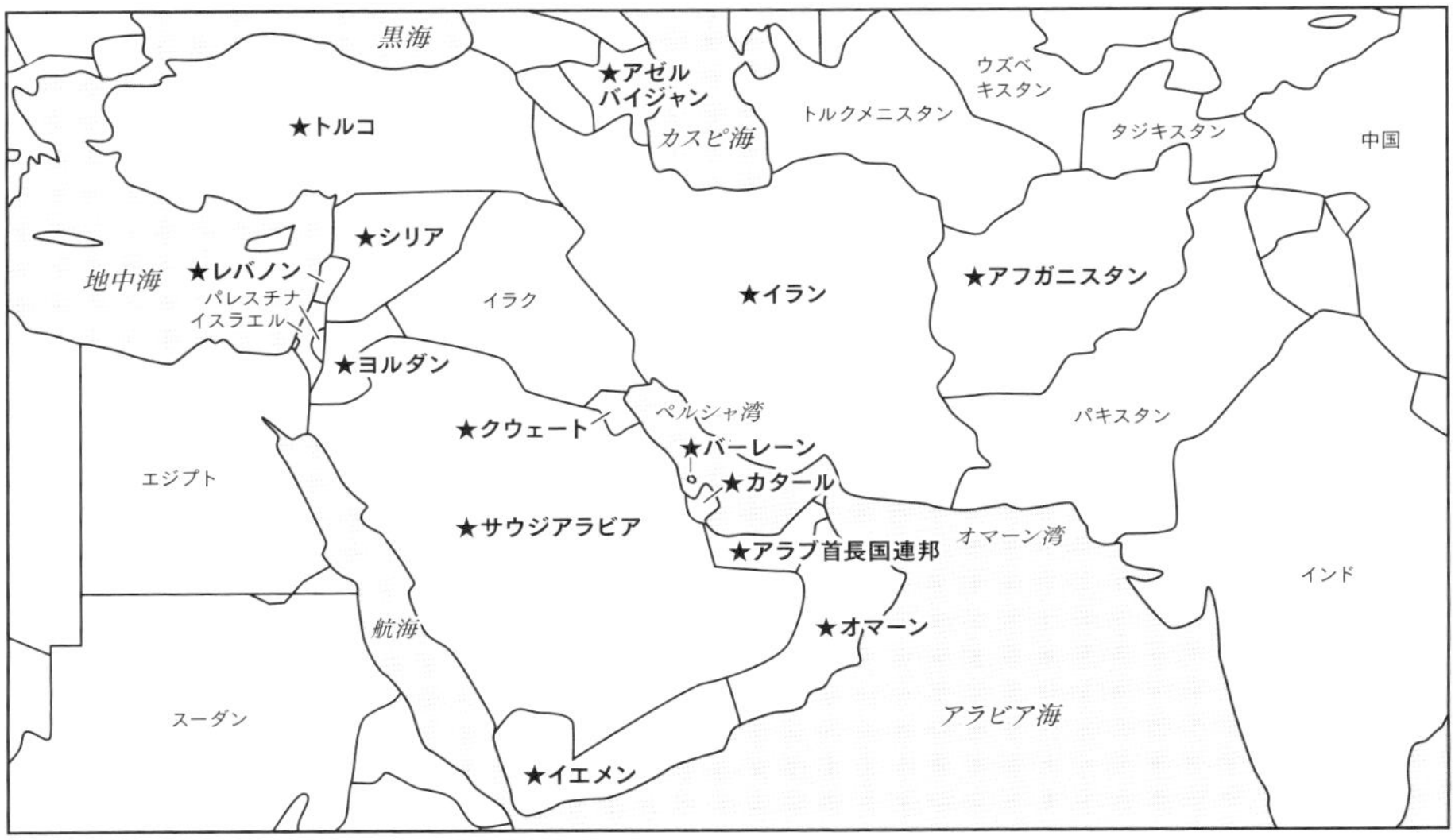

黒海
★アゼルバイジャン
ウズベキスタン
★トルコ
カスピ海
トルクメニスタン
タジキスタン
中国
★シリア
地中海
★レバノン
パレスチナ
イスラエル
イラク
★イラン
★アフガニスタン
★ヨルダン
★クウェート
ペルシャ湾
パキスタン
★バーレーン
エジプト
★カタール
★サウジアラビア
オマーン湾
★アラブ首長国連邦
インド
航海
★オマーン
スーダン
アラビア海
★イエメン

イスラム教の聖地《せいち》メッカがある国
——サウジアラビア王国

昼休み前、小学三年生から六年生は全員、校庭に出て、メッカに向かって祈《いの》ります。ぼくたちのまわりを囲んでいるのは先生です。静けさのなかで、民族の強い団結《だんけつ》を感じるときです。一、二年生は校舎《こうしゃ》の中で祈ります。

校庭の壁面《へきめん》上部の右には「健全な精神《せいしん》」、左には「健全な身体」のアラビア文字が見えます。日本では「健全なる精神は健全なる身体に宿《やど》る」というそうですね。ぼくたちはサウジアラビアの首都リヤドの小学校に通っています。メッカはリヤドの西方にあるイスラム教の聖地です。

わしは、このリヤドの小学校の先生だ。入学したての小学一年生には、まずこのように話す。

ムハンマドはメッカで、キャラバン（隊商）を組むこともできるほどの商人の家に生まれた。結婚《けっこん》して子どもにめぐまれ、商人として活躍《かつやく》したよ。

40歳《さい》のころのある日、ムハンマドはメッカで、神のことば（啓示《けいじ》）を受けて預言者《よげんしゃ》となり、西暦《せいれき》610年から彼《かれ》が死ぬ632年まで布教《ふきょう》活動をおこなった。これが一神教であるイスラム教のはじまりだ。ムハンマドがイスラム教の創始者《そうししゃ》なのだよ、とな。

この校舎の入口のアラビア文字は、この中にどんな部屋があるのか示《しめ》してあるのじゃ。上から学校長室、教頭室、生徒の相談員室、図書室それに小学一年生クラスの教室というところかな。一年生は昼休み前、教室を出て机《つくえ》や椅子《いす》のない廊下《ろうか》で、メッカに向かって祈《いの》るのじゃ。

さて、イスラムの家庭では子どもが生まれると、その子に「アッラーのほかに神はいません。ムハンマドは神の使徒です」とささやく。信仰《しんこう》の告白だ。こうして、その子は生まれながらにしてイスラム教徒になるのだよ。その後その子は、両親から、とくに父親から、イスラムの礼儀《れいぎ》作法を教えられながら育てられ、学校で社会でイスラムを学びつづけるのじゃ。

ところで、サウジアラビアからの多くの学生が日本の大学で勉強していることを知っているかい。

ぼくたちの町ジィダにようこそ。

サウジアラビアは、アラビア語を話すアラブ人が暮《く》らす国で、国民の99パーセントがイスラム教徒です。イスラム教徒はムスリムともいいます。なぜ1月1日の今日、学校が開いているのか、びっくりしてますね。それはね、学校は木・金曜日が休みで、授業《じゅぎょう》があるのは平日の土曜日から水曜日までだからです。今日は水曜日なので授業があるのです。

イスラム教は唯一《ゆいいつ》の神《かみ》アッラーを信じる宗教《しゅうきょう》で、サウジアラビアの国教（国家が認め保護《ほご》している宗教）です。聖地《せいち》はメッカのほかに、メディナとエルサレムがあります。

*

イスラム教が短い期間で広まった理由のひとつは、ムハンマドの時代、メッカとメディナが、多くのアラブ商人が住む交易《こうえき》の要衝《ようしょう》の地として栄えていたからです。アラブ人のベドウィン（遊牧民）はラクダを使い、アラビア半島をふくむ西アジアの国ぐにからだけではなく、地中海沿岸《えんがん》地方やインド方面からもメッカやメディナに物資《ぶっし》を運んできました。物資の流通とともにイスラムの教えも広がっていったのです。

*

宗教《しゅうきょう》上の理由で、小学一年生から男女が別々の学校で勉強します。ぼくは中学一年生ですが、小学四年生のときは国語であるアラビア語の授《じゅ》業《ぎょう》時間がいちばん多く、算数、体育、宗教など毎日7時間目まで授業がありました。黒板には、その日の日付がヒジュラ暦《れき》で書かれています。ヒジュラ暦はイスラム暦とも呼《よ》ばれ、イスラム世界で使われている暦《こよみ》です。イスラム世界では、イスラム暦と西暦が併用《へいよう》されていますが、日常《にちじょう》生活や学校生活では、西暦を使う国が多くなっているそうです。日本でも西暦以外に、明治とか平成とか、元号《げんごう》も使っているのでしょ。

アラビア語を話すアラブ人の故郷《こきょう》
――イエメン共和国

イスラム教の聖典《せいてん》は、アラビア語で書かれた「コーラン」です。「コーラン」は預言者《よげんしゃ》ムハンマドが神から下された啓示《けいじ》（神《アッラー》自らの意思）を、人びとが記憶《きおく》し、あとで文章にして記録したものです。ムハンマドの言葉や行動に関して伝え受けついだものとして「ハディース」があり、そこには生活全般《ぜんぱん》にわたることがらがのっています。わたしの教室の壁《かべ》を見ると「動物愛護《あいご》に関するハディース」が目にはいります。そこには次のようなことが書いてあります。

預言者ムハンマドは言った。「ある男の人が歩いていると、とてものどが渇《かわ》いた。運よく井戸《いど》を見つけたので、そこで水を飲んだ。すると1匹の犬が、渇きのために舌《した》を出してあえぎ、湿《しめ》った土をかんでいた。そこでその男は、この犬も自分と同じように渇きで苦しんでいるのだと思い、井戸で靴《くつ》に水を入れ、その水を犬に飲ませた。このことに神《アッラー》は感激《かんげき》し、彼《かれ》の罪《つみ》をゆるしてくださった」と。これを聞いた信者たちが「動物のことでも、報《むく》いが与《あた》えられるのですか」とたずねると、預言者ムハンマドは「そうだ。すべての生きものについて、報いがあるのだ」とこたえた。

わたしの女学校は首都サナアにあります。サナアは海抜2300メートルの高地にあるので、一年中さわやかで気持ちよく過ごせます。

イッブから、さらに南のタイズに向かう道で、農作業をしている少年に出会いました。彼《かれ》はわたしを切り株《かぶ》に座《すわ》らせ、自分は地面にあぐらをかき、話しはじめました。

「父を手伝い、種まきをしています。父は畑仕事だけではなく、イスラムについても多くのことを教えてくれます。ぼくはイスラム教徒です。コーランには、イスラム教徒は必ずおこなわなければならないことが五つある、と書かれています。ぼくはそれを、6、7歳《さい》ころから家庭と学校で学んでいます。

一つ。「アッラーのほかに神はいません」、そのあとに「ムハンマドはアッラーの使徒です」とつづけて、信仰《しんこう》の告白をします。この二つは、祈《いの》るときに必ず唱《とな》える言葉です。

二つ。一日に5回、メッカに向かって礼拝《れいはい》します。祈る時刻《じこく》はだいたい決められています。祈る場所は、モスクですが、家の中でも砂漠《さばく》の砂《すな》の上でも、どこでもかまいません。

三つ。貧《まず》しい人を救うために「施《ほどこ》し」をします。

四つ。イスラム暦《れき》の第九月（ラマダーン月）の1か月間は、日の出から日没《にちぼつ》まで断食《だんじき》をします。夜は飲食ができます。子どもや病人は断食を除外《じょがい》されます。

五つ。余裕《よゆう》があれば、一生に一度は聖地《せいち》メッカに巡礼《じゅんれい》します。

この五つは五行《ごぎょう》と呼《よ》ばれ、イスラム教徒が果たさなければならない義務《ぎむ》です。

アッラーはアラビア語で『神』という意味で、アッラーという名前の神ではありませんよ。イスラムとは、唯一《ゆいいつ》の神アッラーにすべてを絶対的《ぜったい》にゆだねること、を意味しています。」

タイズから南へ下りジブラに向かう道で、きちんと両脚《りょうあし》を折り曲げて座《すわ》っているラクダに、草を与《あた》えている少年と目が合いました。彼《かれ》はえさを与え終わったあと、ラクダの背中《せなか》をポンとたたき、ひょいとまたがり、手綱《たづな》を引くと、ラクダはゆっくり優雅《ゆうが》に立ちあがりました。なんと背が高いのでしょう。少年はわたしにあいさつをすると、ラクダと共にゆうゆうと細い道の先の畑に向かいました。突然《とつぜん》、少年は振《ふ》り返り、わたしと目が合うとはじめて、にこっと笑いました。

*

ここはアデンから北へ約45キロのところにあるラハジという町です。ぼくはここに住んでいます。イエメンはアラビア語を話すアラブ人が暮《く》らし、アラブ人の故郷《こきょう》といわれています。イスラム教が国教で、国民の99パーセントがイスラム教徒です。

　わたしはアデンから陸路で東に向かい、アデン湾《わん》の港町ムカッラーでひと休みする。そこから北へ約１５０キロ進むと、中部の古い町シバームに着いた。広い道路に面して、目の前に日干《ぼ》しレンガでできた高さ5階〜10階建ての高層《こうそう》住宅《じゅうたく》が密《みっ》集《しゅう》している。住宅は１２００年以上も前から建てられはじめ、いまでは約５００棟《とう》の建物があり、約７０００人が住んでいるという。

　しかし暑い。40度近くはあるな。すずしいサナアからいっしょの相棒《あいぼう》は、三十代の運転手だが、長旅と暑さでグロッキー状態《じょうたい》だ。車の中でひと休みさせてくれという。わたしは日本の夏の猛暑《もうしょ》に慣《な》れているからな、と彼《かれ》に減《へ》らず口をたたいて、高層住宅と道路をへだてて反対側にある学校をひとりで訪《たず》ねた。

　悲しいことですが、２０１９年のいま、イエメンは内戦状態が続いています。２０１８年の段階で1万人以上が亡《な》くなり、30万人近くの難民が国外に脱出《だっしゅつ》し、８４０万人が飢餓《きが》の危機《きき》にあるとされています。

ウマイヤ・モスクはウマイヤ朝の象徴《しょうちょう》

――シリア・アラブ共和国

モスクは、イスラム教を信じるイスラム教徒が礼拝《れいはい》する場所です。シリアの首都ダマスカスにある、このウマイヤ・モスクは、715年に建てられ、現存《げんぞん》する最古のモスクです。モスクの外壁《がいへき》や中庭の三方に設《もう》けられたアーケードには、建物や植物などのモザイク画が見えます。

休日のある日、ウマイヤ・モスクのアーケードの下の床《ゆか》にあぐらをかき、中庭を行き来する人びとを見ながら数時間をすごしました。このモスクでは、履物《はきもの》を手に持ち自由に移動《いどう》ができます。アーケードの下には、持参した食べ物を広げている家族がいます。遊ぶ少年たちがいます。中庭には、幼《おさ》な子を抱《だ》く女の子、家族連れ、ベビーカーを孫といっしょに押《お》すお年よりが見えます。地元の人だけではなく、地方からやってきた人も大勢《おおぜい》いることでしょう。

ここには特別なイベントがあるわけではない。音楽やありがたい説教もない。幼ない子がときどき大きな声を出す以外は、人の声や物音がほとんどしません。歴史を刻《きざ》んできた静寂《せいじゃく》のなかのすがすがしさがモスク全体を包みこんでいます。そのなかで人びとはそれぞれ、満ち足りた時間をすごしています。モスクを訪《おとず》れた人びとの日常《にちじょう》の会話に、神は耳をかたむけています。神の下の平等がここにあります。神と直接《ちょくせつ》向き合う己《おのれ》がいます。これがイスラムの和平なのでしょうか。

モスクは都市にも農村にもあり、昔からイスラム教徒にとってはたがいに情報《じょうほう》交換《こうかん》をする場であり、学問の場でもあるのですよ。

モスクの装飾《そうしょく》には人物画や動物画はなく、アラビア語の銘文《めいぶん》がこれにかかわっています。ほとんどがアラベスク（植物の連続文様）や幾何文様《きかもんよう》です。イスラム教は偶像《ぐうぞう》を否定《ひてい》しています。モスクに偶像はありません。

＊

ぼくたちの国は内戦・戦争状態《じょうたい》が長く続いています。以前はパレスチナ難民を30万人以上受け入れていましたが、いまは逆《ぎゃく》に、シリア人の多くが難民となって、トルコやその周辺の国ぐにで生活しています。その数は、トルコに２５０万人以上、レバノンに１００万人以上、ヨルダンに60万人以上といわれています。祈《いの》りはどんな場所でもできますが、難民となった人たちは毎日の祈りをどこでしているのでしょうか。

いま、ぼくたちは、ボスラの遺跡群《いせきぐん》の中を歩いています。

ぼくはウマイヤ・モスクの中庭に立っています。イスラムの歴史を少し話しますね。

イスラム教は創始者《そうししゃ》ムハンマドが亡《な》くなったころには、アラビア半島全域《ぜんいき》に広まっていたんだよ。その後６６１年に、このダマスカスを都とするウマイヤ王朝が生まれました。このウマイヤ・モスクは、その王朝の象徴《しょうちょう》なんだ。この王朝がすごいんだ。北は中央アジア、東は西北インド、西は地中海沿岸《えんがん》の北アフリカとヨーロッパのイベリア半島におよぶ広大な帝国《ていこく》となり、約90年続きました。その後西北インドを除《のぞ》くウマイヤ朝を引きつぐかたちで、イラクのバクダッドを都とするアッバース朝（７５０～１２５８年）が、イスラムの大帝国をつくりあげました。バクダッドは文明・文化の中心地として栄えました。このようにイスラムの世界が広がったのは、アラブ人勢力《せいりょく》によるところが大きかったんだ。

ウマイヤ王朝とアッバース朝の成立で、アラビア語で書かれたコーランによるイスラム世界が広がりましたが、コーランに書きしるされたアラビア文字もまた広い地域で使われるようになりました。イランのペルシャ語やパキスタンのウルドゥー語などは、アラビア文字が用いられています。このことは、人びとがコーランを読み、イスラムを理解《りかい》する上で大いに役に立っています。

もうひとつわすれてはいけないことは、イラン人（ペルシャ人）勢力もイスラム世界を広げるのに活躍《かつやく》したということです。長くなりましたが、わかりましたか。

アルファベットが生まれた地中海東岸の国——レバノン共和国

レバノンって国を知ってますか。地中海の東岸にあって、首都はベイルートです。

朝礼で校庭に集まると、いつもにぎやかです。レバノンの国旗の中央には、じょうぶで長持ちするレバノン杉《すぎ》があります。むかしはこれをたくさん輸出《ゆしゅつ》して国が栄えました。ぼくもこのレバノン杉のように、家をささえ、国の役に立つような人になりたい。なれるかな。あはは。友だちのアフマッドやフセインは、どんな夢《ゆめ》をもっているのかな。

レバノン国民の大半はアラブ人ですが、そのうちイスラム教徒は54パーセントです。国語はアラビア語ですが、外国語は学校によって英語だったりフランス語だったりいろいろです。義務《ぎむ》教育は小学校6年間と中学校3年間です。

わたしたちの国はアラビア語を話すアラブ人が多く住んでいますが、モザイクのように多くの宗教《しゅうきょう》があります。大きく分けるとイスラム教とキリスト教ですが、キリスト教にはカトリック、ギリシャ正教などいくつかの宗派《しゅうは》があります。人びとは宗教ごとに分かれて住んでいます。

アラブの国ぐにでは公立大学が多いのですが、わたしの国レバノンでは私立《しりつ》大学も公立大学と同じくらいあります。わたしは、公立にするか私立にするか迷《まよ》っていますが、いずれにしても高校を卒業するときの国家統一《とういつ》試験でよい成績《せいせき》を修《おさ》めなければなりません。

3000年以上前には、この地にフェニキア人が住み、地中海貿易《ぼうえき》をして長い間栄えました。フェニキア人が使っていたフェニキア文字はギリシャ文字にとり入れられ、いまのアルファベット26文字になったといわれています。

公立小学校はイスラム教の授業《じゅぎょう》がある
——ヨルダン・ハシミテ王国

わたしの町ザルカは、首都アンマンの北東約20キロのところにあります。わたしの通う公立校は、一般《いっぱん》教科のほかに宗教《しゅうきょう》でイスラム教とコーランを学びます。イスラム教の基本《きほん》的な教えは、六信五行といわれるものです。六信とは次の六つを信じることです。

一つ。唯一《ゆいいつ》神アッラー
二つ。預言者《よげんしゃ》ムハンマド
三つ。ムハンマドに啓示《けいじ》を伝えた天使ガブリエル
四つ。聖典《せいてん》コーラン
五つ。人間は現世《げんせ》での行為《こうい》によって、来世は天国と地《じ》獄《ごく》に振《ふ》り分けられること
六つ。神は世界で起こるすべてのことをあらかじめ知っているという「神《アッラー》の予定」

ヨルダンはアラビア語を話すアラブ人の国で、国民の97パーセントがイスラム教徒です。

英語は小学校一年生から習っていますので、わたしたちは英語を話すことができます。義務《ぎむ》教育は基礎《きそ》教育校（小・中学校）の10年間です。授《じゅ》業《ぎょう》は日曜日から木曜日までで、休みは金・土曜日です。国語はアラビア語です。

*

ぼくたちが校庭で遊んでいると、急にあなたがやってきて、

「サラーム・アライクム！（こんにちは！）」

と声をかけてきました。おどろいたぼくたちは、あわてて、

「アライクム・サラーム！（こんにちは！）」

と返事をしました。

「10時半から30分も休みがあるのは、ヨルダンでは朝早くからごはんを食べる習慣《しゅうかん》がないから、この時間に学校で食べる子が多いのです」とぼくたちが説明すると、こんどはあなたがびっくりしましたね。日本では朝、何時ごろなにを食べますか？

*

休み時間には家からもってきたものとか、校内の売店で買ったサンドイッチなどを校庭や校舎《こうしゃ》内の空いている部屋で食べます。食べ終わると男の子はサッカーを、女の子はおしゃべりをしたり、ダンスをします。イスラムの社会では、豚《ぶた》肉を食べてはいけません。スナック菓子《かし》などに豚肉の成分が少しでも入っていると食べられないのです。イスラム教徒が食べることができる食べ物をハラール（許可《きょか》された）食品といいます。

東洋と西洋の文明・文化が出合う国
——トルコ共和国

イスタンブールは、東のアジアと西の地中海を結ぶシルクロードの要衝《ようしょう》の地として繁栄《はんえい》しました。古代ローマ帝国《ていこく》は３３０年、首都をローマから東部の一都市だったビザンチウムに移《うつ》し、その地をコンスタンチノープルと改称《かいしょう》しました。その後コンスタンチノープルは、キリスト教国のビザンチン帝国の首都となりました。１４５３年にはトルコ人が建てたイスラム王朝、オスマン帝国がコンスタンチノープルを改称してイスタンブールとし、帝国の首都にしました。イスタンブールは名を変えて、１６００年以上の歴史をもっているのです。

バクダッドを都としたイスラム王朝・アッバース朝を滅《ほろ》ぼしたモンゴル帝国は、アジアを横断《おうだん》しヨーロッパの一部にまで領土《りょうど》を広げました。帝国滅亡《めつぼう》後、アジアにはいくつかのイスラム王朝が建てられました。そのひとつが13世紀末に成立したオスマン朝です。１４５３年、そのトルコ人が建てたイスラム王朝・オスマン帝国はビザンティン帝国をやぶり、イスタンブールを都として６００年以上続きました。その勢力《せいりょく》範囲はイランを除《のぞ》く西アジア、北アフリカそれにヨーロッパの一部（バルカン半島など）にまでおよびました。

その後オスマン帝国はロシアとの露土《ろと》戦争で敗北し、第一次世界大戦で敗戦国のひとつとなり、ヨーロッパ勢力に領土を奪《うば》われ１９２２年に消滅します。そして１９２３年、トルコ共和国が新たに生まれます。

ぼくは首都アンカラの学校に通っています。ぼくたちの先生はなんでも知っています。前もって、よく授業《じゅぎょう》の準備をしてくれています。

トルコは、東のアジアの文明・文化と西のヨーロッパの文明・文化が出合う場所にあり、イスラム教がキリスト教と交差する位置にあります。ぼくたちはどんなことができるでしょう。

ないしょの話ができる友だちは、親友なのだろうか。

女の子はバレーボールをする子が多いけど、わたしは男の子にまじってサッカーボールを蹴《け》ります。先生の教えはきびしいけど、男女同じように指導《しどう》してくれるのがうれしい。わたしは私立校《しりつこう》に通っている六年生です。国語はトルコ語です。英語は一年生から、フランス語は五年生から勉強しています。算数や体育や音楽のほかに宗教《しゅうきょう》もあります。義務《ぎむ》教育は12年あるんですよ。

もうすぐ給食の時間かな。いや、こんなとき急に地震《じしん》の避難訓練《ひなんくんれん》の放送があるかもな。

ペルシャ語はイスラム世界第二の言語
——イラン・イスラム共和国

ここはテヘランのぼくたちの小学校です。

サッカーをしている校長先生を見てください。校長先生は肩ひじはった姿勢《しせい》とはちがって、ぼくたちにやさしくボールを蹴《け》ってくれます。意外です。

*

「アッラー・アクバル（アッラーは偉大《いだい》なり）アッラー・アクバル……」校庭で聖地《せいち》メッカに向かって立ち、アザーン（礼拝《れいはい》の時刻《じこく》を告げる肉声の呼《よ》びかけ）の発声練習をするテヘランの少年。両足を開き、両手の人さし指を両耳の穴に当て、アラビア語で呼びかける。

シーラーズの町から、ゆるやかな高原の坂道を車でかなり登ると、まわりにはなにもない道の先に、ポツンと建物が見えた。遊牧民子弟のための中学校だ。彼《かれ》らが共同生活をする寄宿舎《きしゅくしゃ》もある。わたしが校舎《こうしゃ》内に入ると、十数人の生徒がコーランの朗唱で出迎《でむか》えてくれた。濁《にご》りがない澄《す》んだ声が響《ひび》きわたる。

四十数人のクラスでは、山羊や羊など家畜《かちく》が、放牧で草を食べすぎないようにするにはどうしたらよいか、など牧畜に必要なことを学んでいる。親元を離《はな》れているせいか、少しさびしそうな顔を見せている子もいる。授業が終わると、生徒のひとりが1冊《さつ》の小さな本を手にしながらわたしに話しかけてきた。

「シーラーズにはペルシャが生んだふたりの詩人の廟《びょう》があります。ひとりはハーフェズ、もうひとりはサアディです。そこに立ちよってください。そしてぜひ、彼らの詩を声を出して読んでください」。彼の手にあるのは詩集だった。先生の話によれば、ときには週末、生徒たちは親元に帰ることもあるという。

*

イスラム教は大きく分けてふたつの宗派があります。ひとつはスンニ派で、イスラム教徒の約90パーセントを占《し》めます。もうひとつはシーア派です。イランでは国民の99パーセントがイスラム教徒ですが、そのうち約90パーセントがシーア派の人たちです。

スンニ派もシーア派も同じイスラム教なのに、スンニ派の人びとが多い国とシーア派の人びとが多い国が対立して、激《はげ》しい争いになることがあります。

小学校6年間と中学校3年間が義務《ぎむ》教育で、小学一年生から、男子は男子校、女子は女子校に通います。わたしたちイラン人はペルシャ語が国語ですが、文字はアラビア文字を用いています。

ペルシャ語は、イスラム世界で、アラビア語についで第二の言語です。アラビア語と宗教《しゅうきょう》は小さいときから必須《ひっす》課目です。アラビア語を学ぶのは、コーランがアラビア語で書かれているからです。

イランでは10歳《さい》ころになると、女の子は頭にスカーフをかぶります。朝礼のときも授業《じゅぎょう》のときも、スポーツをするときも、頭はスカーフでおおったままです。

＊

高校生のわたしたちが通う女学校では、昼休みに、希望者だけがメッカに向かって祈《いの》ります。

先生はすべて女性《じょせい》ですが、昼の祈りのときだけ、男性《だんせい》の導師《どうし》が来られます。

学校では宗教的服装《しゅうきょうてきふくそう》は禁止《きんし》
――アゼルバイジャン共和国

わたしは首都バクーにある学校の門をくぐり、校庭を歩く生徒たちを見て、なにかがちがうと感じました。イスラム世界に足を踏《ふ》み入れると、スカーフをかぶっている女性《じょせい》を必ず見かけるのですが、そのスカーフが頭にないのです。そのことを女学生にたずねると、こんな返事がありました。

「わたしたちの国では、女子生徒がスカーフをかぶることと宗教《しゅうきょう》的な服装《ふくそう》をすることは禁止されているのですよ。」

国語はアゼルバイジャン語ですが、英語と宗教は必須《ひっす》科目です。小学校4年間、中学校5年間、高等学校2年間の11年間が義務《ぎむ》教育です。男女共学の一貫《いっかん》教育です。

人はだれでも、多かれ少なかれクセがあります。このふたりは自分のクセに気がついているでしょうか。

イアリングは目立たなければつけてもいいのですが、髪《かみ》は染《そ》めてはいけません。
授業《じゅぎょう》は月曜日から金曜日まであります。わたしは8時に学校にきて毎日5〜7時間勉強します。日本のアニメや漫画《まんが》はとてもすきです。

＊

西アジアで生活するイスラム教徒は、アラブ人と非《ひ》アラブ人（アラブ人でない人）に分けられます。サウジアラビアやイエメンなどのアラビア半島の国ぐに、シリア、レバノン、ヨルダン、イラク、それにエジプトなどの北アフリカの国ぐにのイスラム教徒は、アラビア語を話すアラブ人が大多数です。アゼルバイジャンで生活するイスラム教徒は、アゼルバイジャン語を話すアゼルバイジャン人です。

温もりのある仮設《かせつ》テントの授業《じゅぎょう》
——アフガニスタン・イスラム共和国

女性教師《じょせいきょうし》は少ないのですが、わたしは首都カブールで子どもたちを教えています。この国の教育事情《じじょう》について少しお話ししましょう。

わたしたちの国は、イギリスとの数回にわたる戦争を経《へ》て独立《どくりつ》を獲得《かくとく》しましたが、１９７９年にソヴィエト連邦《れんぽう》の軍事介入《かいにゅう》があり、十数年後、ソ連軍は撤退《てったい》しましたが、１９９８年にイスラム原理主義組織《しゅぎそしき》タリバンがほぼ全土を制圧《せいあつ》しました。女子教育を禁止《きんし》したタリバン政権《せいけん》は２００１年まで続きましたが、アメリカ軍の空爆《くうばく》で崩壊《ほうかい》しました。その後アフガニスタン暫定行《ざんていぎょう》政機構《せいきこう》が発足し、アフガニスタン人の努力と国際《こくさい》協力で、この国は教育再生《さいせい》の第一歩を踏《ふ》み出しました。２００８年の小・中学校に通う生徒数は、２００２年にくらべると、約７倍に増《ふ》え６００万人になりました。いまは８００万人を超《こ》えています。

この国の社会・教育上の問題はふたつあります。ひとつは、学校に行けない小・中学生がまだまだ多いことです。なんとか子どもたち全員が、とくに農村地帯の女子が学校に行けるようになったらいいですね。

もうひとつは、この国には文字の読み書きができない人が２人に１人くらいいるということです。

アフガニスタンは若年層《じゃくねんそう》が多いので、町にも村にも学校ができ多くの子どもたちが通うようになれば、この問題は解決《かいけつ》に向かうと思います。わたしは国民の半数を占《し》めるパシュトゥン人のひとりですが、この国にはほかにタジク人、ハザラ人、ウズベク人などもいます。国民の99パーセントがイスラム教徒の多民族国家です。言語はパシュトゥ語とペルシャ語に近いダリー語ですが、ウズベク人はウズベク語も学ばなければなりません。いまでもタリバン兵士による自爆《じばく》テロで多くの生徒や教師《きょうし》が犠牲《ぎせい》になっています。残念でなりません。

＊

授業は仮設テントの中でも、壊《こわ》れたビルの一室でもかまいません。友だちといっしょなら冬の寒さも気になりません。仮設テントの空間は、わたしにささやかな夢《ゆめ》と希望を与《あた》えてくれるのです。明日は戦火で、このテントがなくなっているかもしれません。わたしはテントの中の温もりを大切にしたい。

2022年サッカー・ワールドカップ開催《かいさい》国——カタール国

ぼくはカタールの首都ドーハの南にあるアル・ワクラという町の学校に通っています。今日は学期末の成績《せいせき》表を担任《たんにん》の先生からいただく日です。先生からの一言に、ぼくの胸は熱くなります。

ぼくたちの学校は五年生から十二年生までが通う男子校です。いま担任から学期末の成績表をいただきました。アラビア語（国語）と数学の成績はいいですよ。今日は授業《じゅぎょう》がないので、父親や兄さんといっしょに家から学校にきて成績表を受けとる友だちもいます。

ぼくたちの国で、２０２２年サッカー・ワールドカップが開催《かいさい》されます。ぼくのクラスでは、インターネットを通じて他の国ぐにの中学校・高校と交流し、共同でいろいろな作品を制作《せいさく》しています。日本の学校とは「ＪＡＰＡＮ-ＱＡＴＡＲ２０２２」という縦１メートル×横３メートルくらいの横断幕《おうだんまく》を作り上げました。それはいま、校内の壁面《へきめん》に飾《かざ》ってあります。

学校近くのミナレット（礼拝《れいはい》を呼《よ》びかけるモスクの塔《とう》）から、アザーン（礼拝の時刻《じこく》を告げる肉声の呼びかけ）が響《ひび》きわたる。「アッラー・アクバル……（アッラーは偉大《いだい》なり……）」。モスクにはキリスト教の神父や牧師《ぼくし》、仏教《ぶっきょう》の僧侶《そうりょ》にあたる人はいませんが、礼拝の指導《しどう》者が儀式をおこないます。モスク内には聖像《せいぞう》や絵画はない。これはイスラム教では、偶像崇拝《ぐうぞうすうはい》が禁止《きんし》されているからです。祭壇《さいだん》や宗教《しゅうきょう》的な音楽もありません。

この国の人口の約20パーセントがカタール国籍《こくせき》をもつ国民で、そのほかは外国人です。カタールの繁栄《はんえい》は自国民だけでなく、多くの外国人労働者によってささえられています。

船乗りシンドバッドはどの港から船出したのか――オマーン国

オマーンには、わたしたち外国人の子どもが通うインディアン・スクールがあります。マスカットにあるわたしたちの学校の生徒は7000人を超《こ》え、授業は英語でおこなわれています。わたしは歩いて帰りますが、車やスクールバスで帰る子もいます。オマーンでは、人口の約40パーセントがわたしたち外国人だそうです。

ここはオマーンのナズワという町です。ぼくたちの話す言葉はアラビア語ですが、外国語として英語を小学一年生から学びます。友だちのアイハムやハリッドは英語が得意だけど、ぼくは英語の授業《じゅぎょう》で、先生にあまりほめられたことがありません。

勉強とは関係ありませんが、ナズワ・フォートと呼《よ》ばれる砦《とりで》があります。ナズワはむかし、オマーンの首都として繁栄《はんえい》したオアシスの町です。

ぼくはオマーンの首都マスカットに住んでいます。6歳《さい》になると小学校に入り、男女別々の学校に通います。でも、ぼくは小学四年生までは男女共学の学校に通い、そのあとは男子校に行きます。学校は金曜日と土曜日が休みです。

ぼくはお父さんから、船乗りシンドバッドの冒険《ぼうけん》の話をしてもらったことがあります。バクダッドの大商人として7度の航海をしたシンドバッドは、ぼくたちの国オマーンから船出したそうです。マスカットの港だったのかな。この話は、むかしアラビア語に訳《やく》された「アラビアン・ナイト（千一夜物語）」のなかのひとつだと、お父さんは教えてくれました。

小さくてもいい。夜空に輝《かがや》く星になりたい——アラブ首長国連邦《れんぽう》

ぼくたちは中学二年生です。ペルシャ湾《わん》南岸のアブダビの空に輝く小さな星です。

時間割《わり》を見てください。左に日曜日から木曜日まで、授業《じゅぎょう》のある曜日が書いてあります。毎日9時間目までぎっしり授業があります。数学は毎日あり、アラビア語（国語）と英語と第二外国語の授業時間数も多い。宗《しゅう》教《きょう》の時間はそんなに多くありません。

ぼくたちアラブ首長国連邦の国籍《こくせき》をもつ人は、人口の約10パーセントで、ほとんどの人は外国人なのです。ぼくたちはしっかり勉強しないといけません。

ARA アラビア語、2ndLANG 第二外国語、PT 体育、BIO 生物、MAT 数学、ENG 英語、SST 社会、PHY 物理、C SKIL コンピュータ、CHE 化学、ISLA イスラム、COM（P）コンピュータ、UAE アラブ首長国連邦について

アラブ首長国連邦《れんぽう》は七つの首長国から成り、首都はアブダビです。アブダビにあるぼくたちの学校は、できたばかりで生徒はまだ少ない。先生たちは授業《じゅぎょう》でもスポーツでも、ぐいぐいとぼくたちを引っぱってくれます。きっと生徒はどんどんふえるでしょう。今日は音楽の先生と、あの旗のあるところまで競走です。

＊

ドバイは首長国のひとつで、商業がさかんです。クリーク（運河《うんが》）に停泊《ていはく》しているダウ船は、近くは対岸のイラン、遠くはパキスタン、インド、イエメンなどにも行く船です。

ペルシャ湾《わん》にうかぶ35の島から成る国
——バーレーン王国

バーレーンの国籍《こくせき》をもつ人は人口の約半数で、あとの半数は外国人です。首都マナーマの学校を訪《おとず》れると、子どもたちは初対面のわたしに対して、積極的に話しかけてきます。

＊

今日ぼくは、スポーツ大会で最も優秀《ゆうしゅう》な選手のひとりに選ばれ、講堂《こうどう》の全生徒の前で表彰《ひょうしょう》されました。なんのスポーツだか、当ててください。

男子生徒はバレーボールを、エジプトからやってきた体育の先生から習っていますが、わたしたち女子は、地元出身の女性《じょせい》の先生から指導《しどう》を受けています。

授業がある日は、日曜日から木曜日までです。アラビア語が国語ですが、小さいときから英語を学んでいます。わたしたちの国の夏休みは、6月中旬から約2か月半あります。それは、夏の気温が50度を超《こ》す猛暑日《もうしょび》があるからです。義務《ぎむ》教育は9年間（小学校にあたる6年間と中学校にあたる3年間）です。

バーレーンはペルシャ湾にうかぶ35の島から成っています。ぼくの学校はリファという町にあります。最後の授業《じゅぎょう》が体育だったので、今日は運動着を着たまま家に帰ります。

昼休みに礼拝《れいはい》する学校もある
——クウェート国

わたしは女子校に通い、アラビア語（国語）、コーラン、英語、算数、理科、社会をそれぞれ専門の先生から教わります。公立学校は小学校から男子は男子校、女子は女子校に通います。日曜日から木曜日まで授業《じゅぎょう》があり、休みは金・土曜日です。小さなモスクが校内にある学校もあります。

義務《ぎむ》教育は小学校５年間と中学校４年間です。

今日はお父さんといっしょに、ショッピング・モールの水時計が動くのを見にきました。このあと、お父さんの車で海岸をドライブします。

英語を教えるインディアン・スクールの先生。クウェートでの外国人労働者は、全人口の約半数を占《し》めています。

校門の前で先生と生徒たち。

ペルシャ湾《わん》岸5か国の類《るい》似《じ》点

ペルシャ湾岸5か国（カタール、クウェート、オマーン、アラブ首長国連邦《れんぽう》、バーレーン）には、共通することがいくつかあります。

一つめは、どの国もアラビア語を話すアラブ人が多く住み、イスラム教が国教であることです。

二つめは、それぞれの国は主に石油で得た収《しゅう》入《にゅう》でゆたかになっていますが、大勢《おおぜい》の外国人労働者がそれをささえていることです。5か国には、それぞれの国の国籍《こくせき》をもつ子どもたちのための学校と、インドやパキスタンなどのアジアの人びとや他のアラブ諸《しょ》国の人びと、それにアフリカ諸国の人びとの子どもたちの学校があります。インディアン・スクールも、外国人労働者の子どもたちのための学校のひとつですが、入学希望者は、英語を話せることが入学の条件《じょうけん》になっています。

三つめは、どの国の公立校も、小学校からアラビア語（国語）と宗教《しゅうきょう》（イスラム教）と英語教育に力を入れていることです。またコンピュータ教育がさかんです。

四つめは、小学校低学年は男女共学のところもありますが、公立校は、宗教上の理由で男女別学だということです。授業《じゅぎょう》日は、日曜日から木曜日で、金・土曜日が休みです。

東ヨーロッパの国ぐに

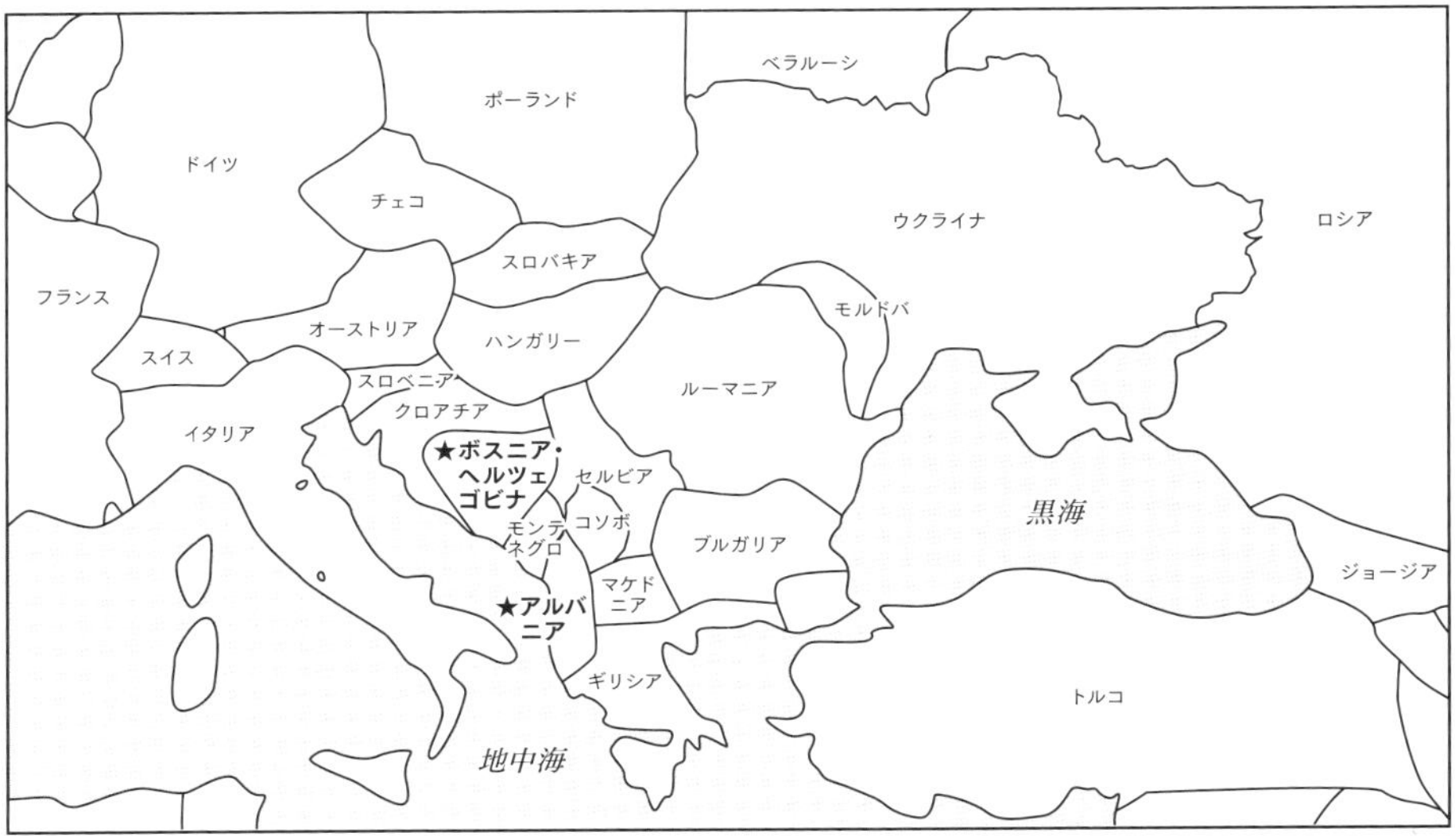
ベラルーシ
ポーランド
ドイツ
チェコ
ウクライナ
ロシア
スロバキア
フランス
モルドバ
オーストリア
ハンガリー
スイス
スロベニア
ルーマニア
クロアチア
イタリア
★ボスニア・ヘルツェゴビナ
セルビア
モンテネグロ
コソボ
黒海
ブルガリア
ジョージア
マケドニア
★アルバニア
ギリシア
トルコ
地中海

それぞれの宗教《しゅうきょう》をもつ三つの民族の共《きょう》存《ぞん》——ボスニア・ヘルツェゴビナ

長い急な坂の上に墓地《ぼち》がある。この首都サラエボの地で、三つの民族が激《はげ》しく戦った。そのボスニア・ヘルツェゴビナ紛争《ふんそう》で亡《な》くなった人の墓《はか》もここにある。墓地をすぎると、ぼくたちの学校がある。帰り道。いまぼくたちはリュックをしょって坂をくだり、町に向かう。家はずっと先だ。

わたしたちはボスニア語を話すボスニア人です。いまの時間は英語ですが、ほかに国語（ボスニア語）、算数、社会、宗教、音楽、絵画、体育などの科目もあります。

わたしたち中学生は、ドイツ語、アラビア語、トルコ語のなかからひとつ、外国語として選ぶことができます。そのほか化学、生物、情報《じょうほう》技術《ぎじゅつ》、文学、歴史、地理などを学びます。もちろん小学校で学んだ英語、数学など、すべての科目は引き続き勉強します。毎日、科目が多くてたいへんです。

この静けさのなかで授業《じゅぎょう》を受けられるのは、祖父母《そふぼ》や両親たちが苦闘《くとう》の末に、紛争に打ち勝ったおかげなのです。

学校は男女共学で、小学校6年間と中学校3年間が義務《ぎむ》教育です。わたしたちの国は、人口の約40パーセントがイスラム教徒で、ほかにセルビア正教、カトリックなどを信仰《しんこう》する人がいます。

それぞれの信じる宗教《しゅうきょう》をもつ三つの民族が共存しているのです。みんなで仲よくやっていかなくてはいけません。

外壁《がいへき》にボスニア・ヘルツェゴビナ紛争で受けた弾痕《だんこん》が残る校舎《こうしゃ》を出て、校門に向かう。傷んだ校舎を、紛争後、修復《しゅうふく》してくれたのは日本です。いまは友だちといっしょに帰ることができます。

わたしたちふたりは授業《じゅぎょう》を終えると、急な坂をくだりきるまで歩きます。平坦《へいたん》で、にぎやかな町に出ます。そこで毎日わたしたちが目にするのは、町に溶《と》け込《こ》んで、モスク、教会、シナゴーグ（ユダヤ教徒の礼拝所《れいはいじょ》）が、ほぼ等間隔《とうかんかく》に、歴史を刻《きざ》みながら並《なら》んでいる姿です。わたしたちは、ここでひと息ついて家に向かいます。

無神国家から信仰《しんこう》の自由がある国家へ
——アルバニア共和国

好奇心《こうきしん》と好奇心。ぶつかり合って、まぜこぜになってひとつになる。飛んで行け。北のモンテネグロ、セルビアへ。東のマケドニア、南のギリシャへ。飛んで行け。西のアドリア海の上空から地中海へ。ここはティラナ。バルカン半島にあるアルバニアの首都だ。

ぼくたちはアルバニア語を話すアルバニア人です。第二次世界大戦後、アルバニアはすべてのモスク、教会などの宗教《しゅうきょう》的建物を閉鎖《へいさ》し、無神国家を宣言《せんげん》しました。その理由のひとつは、当時半島では、さまざまな宗教をもつ人びとが対立し、争いがたえずあったからです。1990年に信仰《しんこう》の自由が復活《ふっかつ》し、イスラム教、アルバニア正教、カトリックなどを信じる人がいます。

クルヤはティラナ近くの山の斜面《しゃめん》にある町で、中世の城跡《しろあと》が残っています。

アドリア海に面した港町デュレスの学校で、黒板の前に立つわたし。先生の「こうしたら、どう?」というタイミングのいい助け船が、わたしの想像《そうぞう》力をかきたてます。

制服《せいふく》はなく、服装《ふくそう》は自由です。わたしたちの義務《ぎむ》教育は9年間で、男女共学です。国民の約70パーセントがイスラム教徒です。

イスラムの教育―むかしといま―

現在《げんざい》イスラム諸《しょ》国家では、勉強したい子のほとんどが公立、私立《しりつ》の学校に通いますが、むかしは何世紀にわたってクッターブ（アラビア語で学校という意味）が町にも村にもありました。江戸《えど》時代の初等教育を担《にな》った寺小屋のようなものです。子どもたちはそこで、コーランの暗唱を中心にして、「読み・書き・そろばん」と礼儀《れいぎ》作法を学びます。クッターブには誰《だれ》でも通うことができます。授業《じゅぎょう》はしっかりした建物の中でおこなわれることもあれば、民家の2階でということもあります。クラスの人数は数人の場合もあれば、数十人の場合もあります。教師《きょうし》は週に何回か教室に出向き、彼《かれ》らの収入《しゅうにゅう》は子どもの親からの謝礼金《しゃれいきん》です。

クッターブを終えた子の一部は、マドラサ（アラビア語で高等教育施設《しせつ》という意味）と呼《よ》ばれるモスクに付属《ふぞく》した教育機関に入り、そこでイスラムの諸学問（コーラン、ハディース、イスラム法、神学、アラビア語など）を学びます。卒業すると、ウラマー（イスラムの諸学を修《おさ》めた者）として、法学者、教師、裁判《さいばん》官、説教師、礼拝《れいはい》の導《どう》師《し》、モスクを管理する者などの職業《しょくぎょう》につくことができます。ですからウラマーは、イスラム教徒の日常《にちじょう》生活と密接《みっせつ》に結びついています。またウラマーは国家とイスラム教徒の国民をつなぐ役割《やくわり》を担うことになります。

20世紀に入ると、イスラム世界は西洋の近代教育を受け入れ、それに基《もと》づいて学校を開くことになりました。20世紀半ばになると、多くのイスラム国家で、幼児《ようじ》教育、小学校にあたる初等教育、中学校・高等学校にあたる中等教育、大学などの高等教育が実施されるようになりました。そして初等教育と中等教育の一部または全部が義務《ぎむ》教育とされるようになってきました。クッターブやマドラサは、イスラム世界すべての地域《ちいき》にまたがる教育システムでしたが、いまは激減《げきげん》しています。

中央アジアの国ぐに

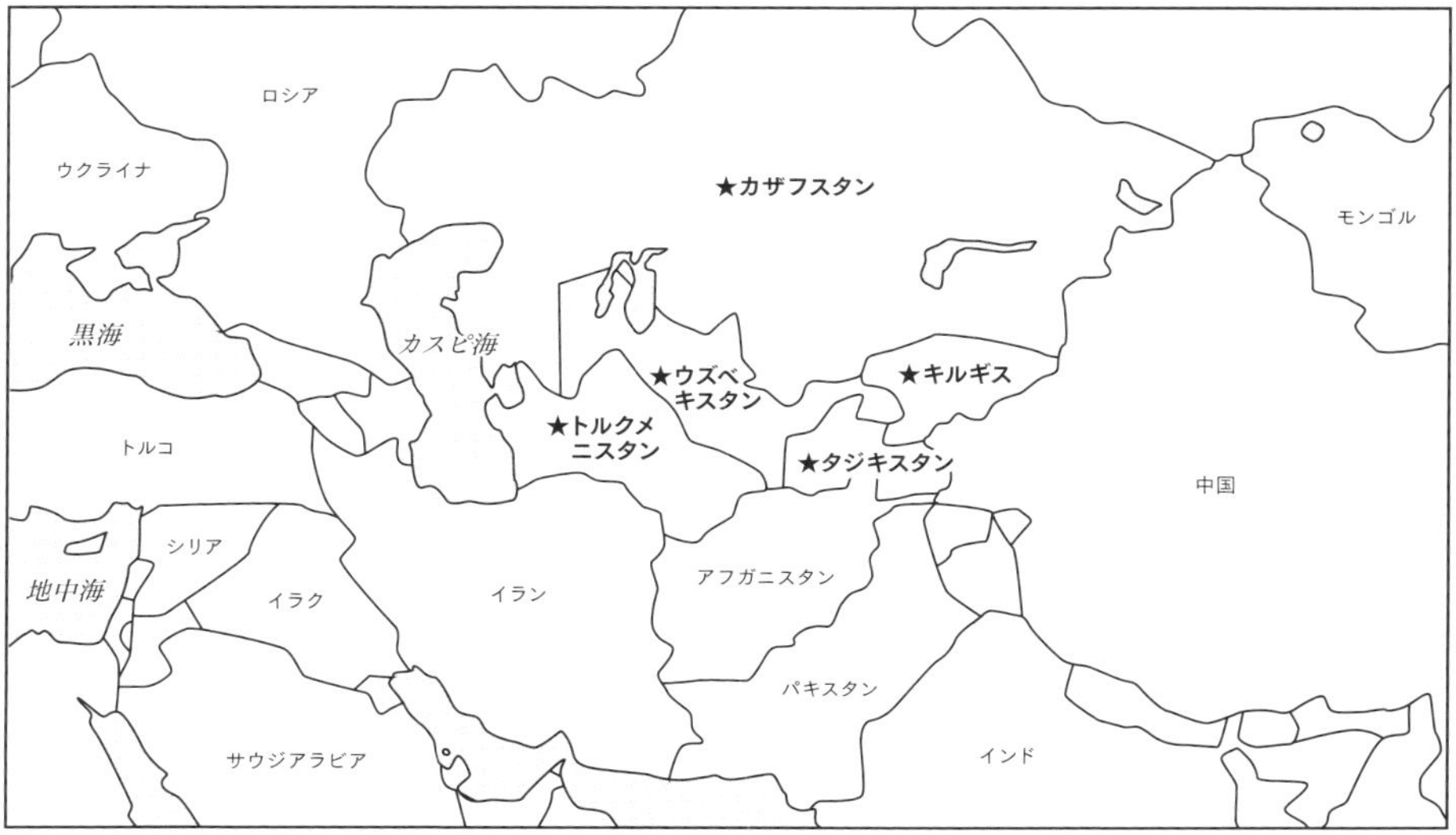

ロシア
ウクライナ
★カザフスタン
モンゴル
黒海
カスピ海
★ウズベキスタン
★キルギス
★トルクメニスタン
トルコ
★タジキスタン
中国
シリア
地中海
イラク
イラン
アフガニスタン
パキスタン
サウジアラビア
インド

シルクロードの中心にある中央アジアの国――ウズベキスタン共和国

ウズベキスタンは中央アジア5か国の中央に位置し、他の4か国およびアフガニスタンと国境《こっきょう》を接《せっ》しています。わたしは東部の首都タシケントから陸路で、南西へ280キロの所にある中央アジア最古の都市のひとつ、サマルカンドの学校を訪《たず》ねます。その後、西へ。住民の半分以上が農村に住むブハラに向かいます。

＊

首都タシケントのわたしの小学校は、ほとんどがウズベク人、ほかにカザフ人、タジク人、ロシア人などいろんな人がいます。イスラム教は偶像《ぐうぞう》崇拝《すうはい》を禁止《きんし》していますが、わたしの教室には大きな人物画がはってあります。学校では、昼の祈《いの》りはありません。

どの小学校も校長先生が中心になって、独自《どくじ》色を出そうとしています。首都タシケントの小学六年生の教室をのぞくと、20人くらいの生徒が韓国《かんこく》語を学んでいます。この小学校では生徒たちが外国語を選択《せんたく》できます。英語、ロシア語などのクラスもあります。先生さえいれば日本語も教えたいとのことです。校長先生は語学で学校の特色を出し、広い分野で人材を育成することに情熱《じょうねつ》を注いでいるのです。義務《ぎむ》教育は小学校6年間、中学校3年間、高等学校3年間の12年間です。高校は普通《ふつう》教育校コースと専門職業《せんもんしょくぎょう》教育校コースがあります。

ウズベキスタンの学校では、イスラムを感じさせるものはほとんどありませんが、学校の外に出ればモスクがあります。ウズベキスタンの第二の都市サマルカンドは、14世紀後半にティムールがティムール帝国《ていこく》を築《きず》き、とくに栄えました。その中心がレギスタン広場で、その正面には、内部の壁面《へきめん》が金を使った模様で飾《かざ》られているマドラサがあります。ここは「シルクロード（絹の道）」の重要な都市のひとつでした。

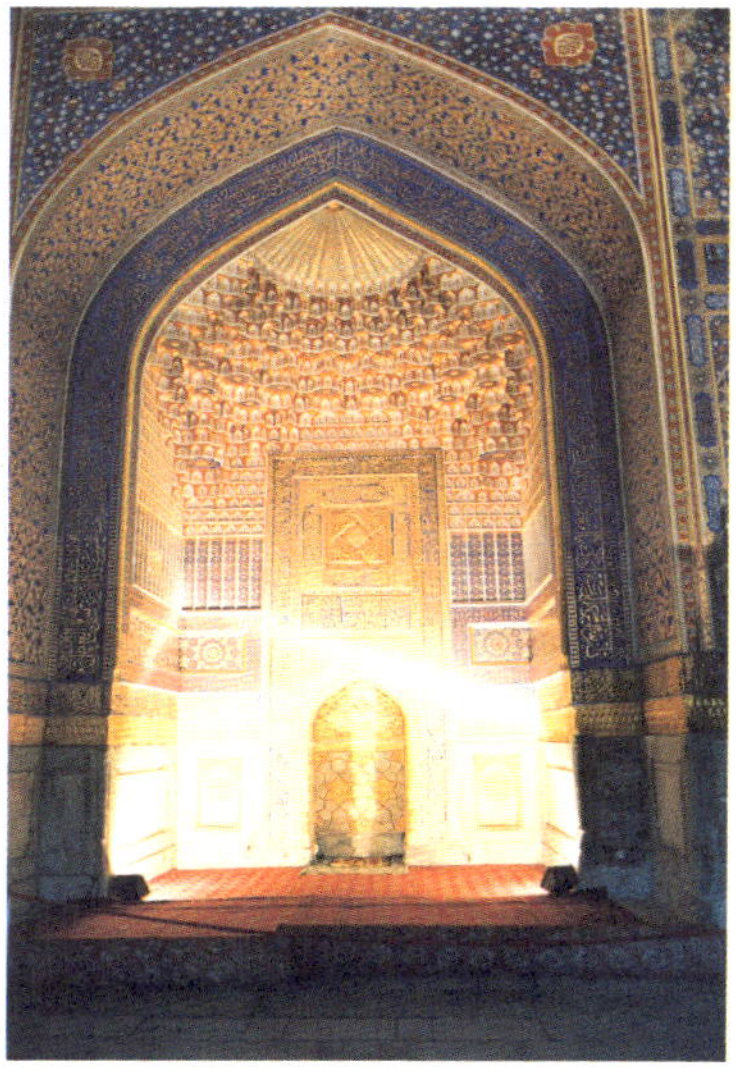

歴史を感じさせる古い建築《けんちく》物が数多く残っているのがブハラです。

壁《かべ》にかけられた写真を見ながら展覧会の記事を書き終えたタシケントの老新聞記者は、振《ふ》り返ってわたしに教えてくれました。

あなたはこれからブハラにも行くんですね。ブハーリという人物を知っているかい。9世紀に生きたブハラ出身の学者だよ。ハディース学者だ。若《わか》いころメッカで勉強して、その後、イスラム圏《けん》の国ぐにを16年間めぐり、約60万のハディース、つまり預言者《よげんしゃ》ムハンマドが残した言葉や行動に関して、伝え受けついだものだが、そのハディースを採集《さいしゅう》し、そのうち信用度が高い7300あまりのハディースを『サヒーフ集』に採録した。これは『コーラン』に次いで権威《けんい》のあるものとされているのだ。ブハーリを想いブハラを歩いてください。

登校も下校も、この同じサマルカンドの道を歩きます。

小学校は月曜日から土曜日まで授業《じゅぎょう》がある——トルクメニスタン

わたしたちの学校は月曜日から土曜日まで授業があるんですよ。国語はトルクメン語です。トルクメニスタンではほとんどが公立校で、義務《ぎむ》教育は小学校（４年間）と中等学校（日本の中学・高校にあたる）で、学費は無料です。

休み時間はお気に入りの木かげで。

首都アシガバートを歩く。道幅《みちはば》は広く整備《せいび》されているが、歩行者はまばらで車の往来《おうらい》もほとんどない。町全体が渇《かわ》ききってうるおいがない。わたしは、はじめて訪《おとず》れる小学校の門をたたこうとするが少しためらう。こんな経験《けいけん》は、はじめてだ。大きく深呼吸《しんこきゅう》して戸をたたく。学校見学の許《きょ》可《か》をいただき六年生の教室に入ると、年輩の女性《じょせい》教師《きょうし》が淡々と授業《じゅぎょう》を進めている。重苦しい空気のなか、いちばん前の席に座《すわ》る少女の手が、さっと勢《いきお》いよく上がる。空気が弾ける。立ち上って話すその少女の凛《りん》とした声が、仲間たちに輝《かがや》きを与《あた》える。生気ある教室が生まれた。

家路につく女学生。

ロシア人も多く通うカザフ人の学校
——カザフスタン共和国

木もれ日の道をおしゃべりしながら帰るのは楽しい。重いリュックが、わたしたち3人により道をさせない。笑いながら、ゆっくり家に向かいます。

カザフスタンの首都はアスタナですが、以前は、わたしの学校がある、このアルマトゥイが首都でした。だから人口も多いですよ。

いまは、さわやかな9月です。授業《じゅぎょう》の課目は国語であるカザフ語、算数、理科、歴史、ロシア語、パソコンのほかに、音楽、美術《びじゅつ》、体育、家庭科、技術などもあります。

義務《ぎむ》教育は中等教育9年間（小学校6年間と中学校3年間）です。学校はカザフ語で授業《じゅぎょう》をおこなう学校とロシア語で授業をおこなう学校がありますが、カザフ語で授業をおこなう学校が増《ふ》えているそうです。

ぼくたちの国はカザフ人が半分以上ですが、ロシア人も約30パーセントいます。授業《じゅぎょう》は国語であるカザフ語でされますが、ぼくは外国語としてロシア語をとっています。クラスにはロシア人もいて、放課後遊ぶときは、ロシア語を使っているときもあります。外国語として英語を勉強するクラスもあります。

リラックスできる給食の時間です。

わたしたちの国では、気温が零下《れいか》30度以下になると学校が休みになります。アフリカの国のなかには、気温が40度でも授業《じゅぎょう》がある学校があるそうですね。

学校に残したい祖国《そこく》の伝統《でんとう》と文化
——キルギス共和国

わたしはカザフスタンから陸路で山を越《こ》え、キルギスに入る。国境《こっきょう》近くの中学校で、女性《じょせい》の校長先生からこんな話を聞きました。

「この学校にはキルギス人のほかに、ロシア人、ウズベク人、カザフ人、クルド人などが通っています。ほら、ごらんなさい。鉄棒の上に乗っている子を。あの子がどこの国の子か、わかりますか？　民族はちがっても、みんな仲よくやっていますよ。国語はキルギス語です。

　わたしは、やりたいことが三つあります。まずはキルギスの文化・伝統を学校に残したい。たとえば、使わなくなった農機具などを村の民家からもってきてもらい、学校に展示《てんじ》したい。それから面倒《めんどう》見のよい語学の先生が欲しいわね。最後に、難しいことだけど、進学しない子どもたちによい就職《しゅうしょく》先をさがしてあげたい。」

窓の外を見ると、国境を吹《ふ》き抜《ぬ》ける風のなかで、公平に太陽の光を浴びて子どもたちが遊ぶ。子どもたちは、この地でいっしょに学べる喜びを感じ、この地で出会った先生に感謝《かんしゃ》している。

*

山を車で下り、標高約８００メートルのところにある首都ビシュケクに着く。キルギス山脈の北のふもとだ。わたしは学校の前でふたりの少年に出会った。ふたりと話さなくても、わたしには彼《かれ》らの考えていることがわかる。

ぼくたちは校門を出たが、すぐ家に帰りたくない。先生は「まっすぐ帰りなさい」というけど、お空の太陽は「よく遊びなさい」といっている。仲間をさそって、どこかで遊ぼう。先生、ごめんなさい。

パミール高原が国土の大半を占《し》める山国
——タジキスタン共和国

わたしたちの国タジキスタンは、パミール高原が国土の90パーセントを占《し》める山国です。教室の窓から、雪をかぶった4000メートルくらいある山々が青空の中に見えます。よそ見はだめですね。いま授業《じゅぎょう》中でしたね。

*

首都ドゥシャンベを南に下ると、わたしたちの学校があります。国語はタジク語ですが、英語も勉強しています。義務《ぎむ》教育は6歳《さい》から15歳までの9年間（小学校6年間、中学校3年間）です。

教室がいっしょ、帰り道もいっしょの5人組です。中学校に上るとき、わたしたちは、ばらばらになるのかな。そんなこと考えてもしょうがない。いまは同じ道を歩くのだ。雨でぬかるんだ道でもいい。雪でこおった道でもいい。いま、いっしょならそれでいい。

*

三つちがいの兄さんが通った学校にわたしも通っています。今日は兄さんが使った古い教科書を、わたしはめくります。少し〝かびくさい〟けど、なぜかなつかしい。兄さんの前は、誰《だれ》がこの教科書を使ったのでしょう。時代が変わっても真理は変わらないのでしょうか。ほつれて、すり切れたページを、となりの子がめくります。

中央アジア5か国の類似点《るいじ》

東西文明が交わった中央アジアの「シルクロード（絹《きぬ》の道）」に五つの国があります。それらはウズベキスタン、トルクメニスタン、カザフスタン、キルギス、タジキスタンです。これらの国には、共通する点がいくつかあります。

第一に、どの国もイスラム教徒の多い多民族国家であるということです。たとえば、ウズベキスタンではほとんどがウズベク人ですが、ロシア系《けい》、タジク系、カザフ系などの住民もいます。

第二に、それぞれの国は1991年、ソヴィエト連邦解体《れんぽうかいたい》後に生まれた国ですが、解体以前はソヴィエト連邦内の共和国でした。その影響《えいきょう》が独立《どくりつ》後も残っています。どの国の公立校も男女共学で、月～金曜日まで授業《じゅぎょう》があり、土・日曜日が休日です（トルクメニスタンは土曜日も授業があります）。女子生徒のスカーフの着用は義務《ぎむ》づけられていません。イスラム教を特別に学ぶ教科はなく、学校で祈《いの》ることもありません。

第三に、どの国も独自《どくじ》の言語（たとえばウズベキスタンはウズベク語）をもち、成人の識字率《しきじりつ》（文字を読んだり書いたりできる人の割合《わりあい》）は高いことです。

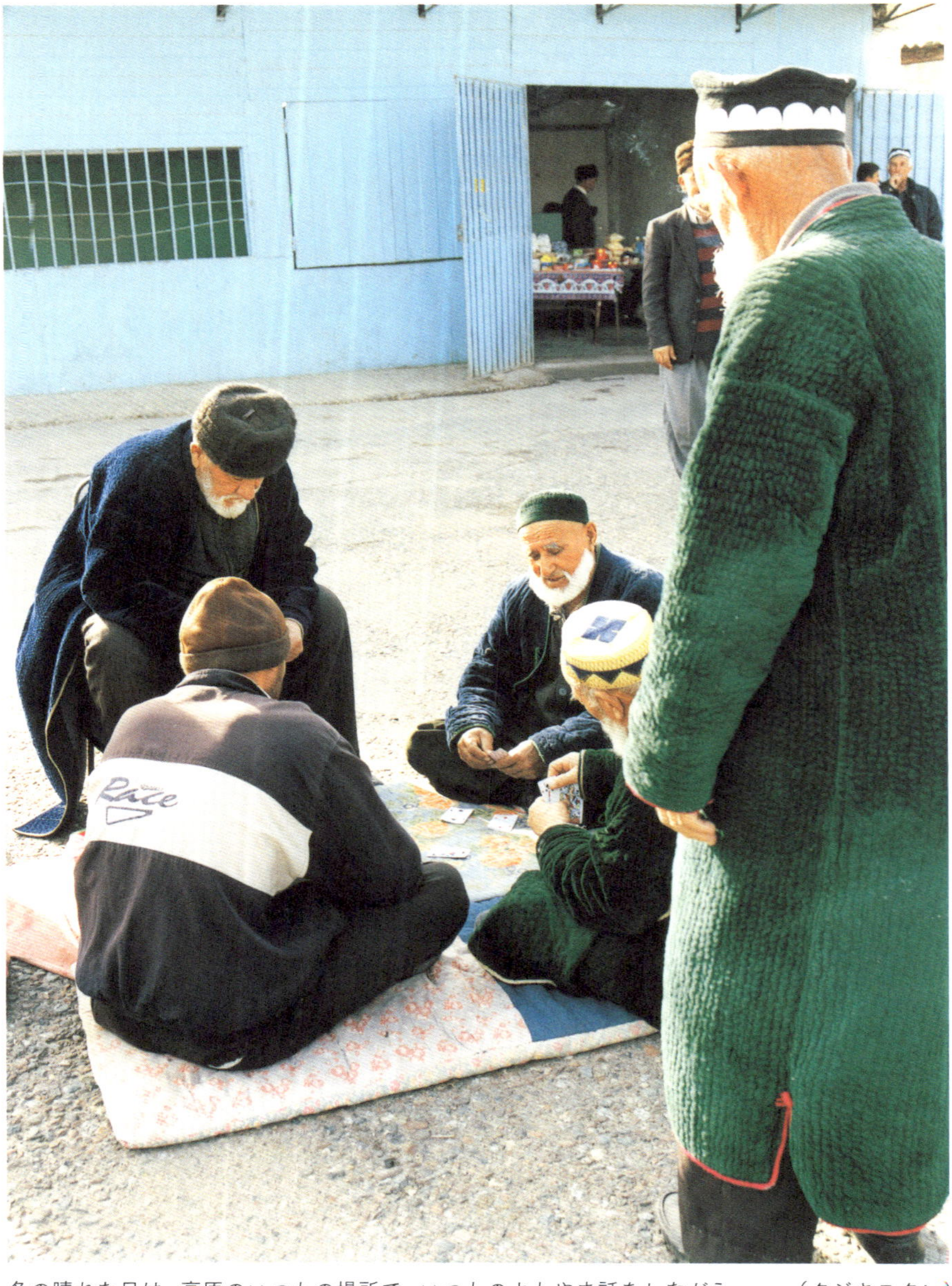

冬の晴れた日は、高原のいつもの場所で、いつものよもやま話をしながら……。(タジキスタン)

南アジアの国ぐに

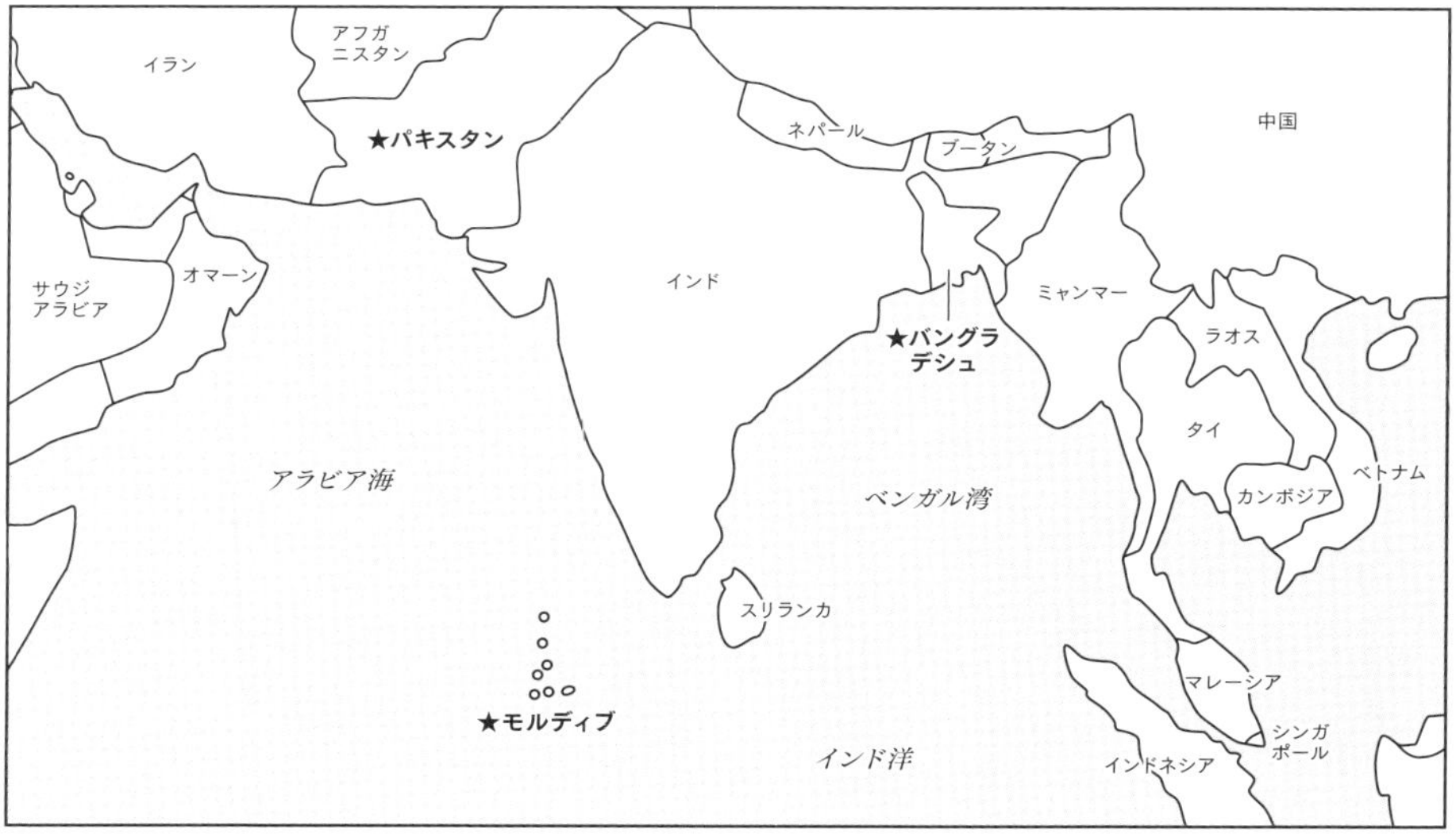
イラン
アフガ
ニスタン
★パキスタン
中国
ネパール
ブータン
サウジ
アラビア
オマーン
インド
ミャンマー
★バングラ
デシュ
ラオス
タイ
アラビア海
ベンガル湾
ベトナム
カンボジア
スリランカ
マレーシア
★モルディブ
シンガ
ポール
インド洋
インドネシア

冬の晴れた日は太陽を浴びて授業《じゅぎょう》
——パキスタン・イスラム共和国

わたしは港町カラチで、数日間の学校訪問《ほうもん》を終えた。広い校庭を歩いているとき、風で土ぼこりが舞《ま》い上がる学校もあった。その後、陸路で東方約90キロにあるタッタに滞在《たいざい》する。カラチにもどり、空路で首都イスラマバードへ。そこからアボッタバードとラワルピンディを訪《おとず》れる。

朝、わたしたち生徒が校門をくぐると、正面の校舎《こうしゃ》のわきに座《すわ》る〝生き字引先生〟と目が合う。先生はいつも慈愛《じあい》に満ちた笑顔で、わたしたちを見守ってくれている。学校が終わるまでそこにいる。その先生はわたしたちの暮《く》らす港町カラチのことなら知らないことはない。この学校のことなら何でも知っている。わたしたちが困ったとき、わからないことがあったとき、相談にのってくれる。むかしのこと、学校では教えてくれないことも話してくれる。先生がいつもの場所にいないとき、それは学校でなにかが起こっているときだ。ここは幼児《ようじ》から高校生までが通う私立校《しりつこう》だ。

授業が終わった。幼児《ようじ》から高校生までが、せまい校門を出たいのだが。

ぼくは12歳《さい》の牛飼《うしか》いだ。牛を追い、牛と共に生きる。牛飼いの両親のあとについて、パキスタンの大平原で牛を追う。弟もいっしょだ。父と母、それに大地と牛がぼくの先生だ。余分《よぶん》なものはなく、余分なものは必要ない。今日もここタッタで、牛と遊ぶ。

カラチの朝、コーランの唱和。コーランはアラビア語で書かれていますが、ぼくたちが話すのはウルドゥー語です。文字はアラビア文字です。

晴れた冬の日は黒板が置かれた校庭で授業《じゅぎょう》がある。ぼくたちは黒板に向かって思い思いの姿勢《しせい》で地面に座《すわ》り、暖かい日差しを体いっぱいに浴びる。黒板の前に立つハッサンが手にもった小枝《こえだ》で、天を指し、ウルドゥー語で力強く話しかける。「人に書くことを教えてくださったのは神《アッラー》です。神《アッラー》は、すべてを教えてくださる」。ハッサンの大きな声は、ぼくたちの頭上をわたり大空に舞《ま》う。ウルドゥー語は、ぼくたちの国語です。ここはパキスタンの町アボッタバードの公立校です。北に行くと、バス襲撃事件《しゅうげきじけん》で重傷を負った女子学生で、その後ノーベル平和賞を受賞したマララ・ユスフザイさんが通った学校がある。

公立の中学校（10～12歳《さい》）以上は、男女が別々で、先生も男子校では男性《だんせい》、女子校では女性《じょせい》が教えます。義務《ぎむ》教育制度《せいど》はありませんが、希望すれば誰《だれ》でも小学校、中学校、高等学校に入学できます。教育費は無償《むしょう》ではありません。

１列10人くらいの男子学生が６列、筵《むしろ》を地面に敷《し》き、その上にあぐらをかき、目の前の黒板を見つめています。その男子の列のはじにわたしたち５人の女学生が１列にならび、同じようにあぐらをかいています。男子と女子の列の間が１メートルほどあいてはいますが、おたがいに相手を思いやる気持ちに変わりはありません。ここはアボッタバードの公立校です。

パキスタンは公立校と私立校《しりつこう》の教育環境《かんきょう》がちがいます。私立校は教具・教材その他が公立校より整っていて、両者の開きはかなり大きい。しかし、すぐれた先生は公・私立を問わず、どこにでもいます。パキスタンはイスラム教が国教で、国民の96パーセントがイスラム教徒です。

冬の晴れた日は太陽を浴びて授業

家の手伝いは、男子が田植えで女子が畑仕事——バングラデシュ人民共和国

ぼくは父を手伝い田植えをします。バングラデシュでは、国土の大半は南北にガンジス川、東西にブラマプトラ川が流れ、肥沃《ひよく》なデルタ地帯をつくっています。このふたつの川は合流しベンガル湾《わん》にそそぎます。夏季のモンスーン（季節風）は多量の雨をもたらし、河川《かせん》の氾濫《はんらん》による洪水《こうずい》がたびたびあります。国土は水でおおわれますが、そのおかげで米は各地で1年に3、4回とれます。

わたしたちの国はベンガル語を話すベンガル人が大半で、イスラム教が国教です。義務《ぎむ》教育である一年生から五年生までの小学校に通う子は多いのですが、六年生から十年生までの中学校には、子どもの約75パーセントしか進学できていません。

71 家の手伝いは、男子が田植えで女子が畑仕事

わたしは授業《じゅぎょう》が終わり家に帰ります。これで一日が終わりではありません。近所のおじいちゃんに連れられて、女の子5人で畑仕事に出かけます。雑草《ざっそう》とりです。摘《つ》んだ花をみんなで見せ合うこともあります。おじいちゃんはいつも、すべてを引き受ける覚悟で、わたしたちを見守ってくれます。今日の畑仕事が終わりました。日が暮《く》れようとしています。おじいちゃんに「ありがとう」を。そしてあなたに「さようなら」を。

もうすぐ、礼拝《れいはい》の時刻《じこく》を知らせるアザーンが遠くから聞こえてくるでしょう。日本では、お寺の鐘《かね》が鳴るそうですね。なにかを知らせるために鐘は鳴るのですか。

ベンガルの古い民謡《みんよう》を口ずさみながら家に帰る少女たち。ひとり、たまり水で足のつま先をすすぐ。

正しい姿勢《しせい》の先生が発する言葉は、一語一語はっきりと、力強く自信に満ちている。言葉を受けとる30人ほどの生徒たちは、先生の一言一句《いちごんいっく》を聞きもらすまいと、教室にはりつめた空気がただよっている。それでいて、クラス全体が温かく包まれ、ゆったりとしたベンガルの時の流れを感じるのは、白とオレンジ色の制服《せいふく》のせいか。授業の最後に先生は、卓上《たくじょう》に置かれたベンガルの民族鍵盤《けんばん》楽器ハーモニアンに向かい、ベンガルの古民謡を演奏《えんそう》した。

*

わたしはリキシャ（人力車）に乗って、バングラデシュの南東に広がるナラヤンガンジの大地に向かった。とある女学校の門をたたく。校長先生をふくめて先生の半数は男性《だんせい》だったが、二十代の女性《じょせい》の先生のクラスを見学した。授業《じゅぎょう》は英語とベンガル語でおこなわれる。今日のテーマは、ベンガル語の詩人、タゴールの詩集『ギーターンジャリ』（歌の捧《ささ》げもの）だ。

ベンガルとはガンジス川とブラマプトラ川下流のデルタ地帯を指し、インド北東部のウエストベンガル州とバングラデシュをふくむ地域《ちいき》だ。タゴールはウエストベンガル州にある町のひとつ、カルカッタで生まれ、ベンガル語で詩を書き、広大なベンガル地域の古い民謡《みんよう》をもとに多くの歌や劇もつくった。

女の子のネクタイの色でわかる学校名
——モルディブ共和国

ぼくは毎日、ドーニの舳先《へさき》からジャンプして、ヴィリンギリ島の船着き場に跳《と》びおります。失敗したら海にドボンで学校に行けません。モルディブの島は珊瑚礁《さんごしょう》から成るため、海抜《かいばつ》は1メートル60センチと低く、地球温暖化により海面が1メートル上がると、国土の80パーセント以上が失われるといわれています。ぼくの学校もなくなるかもしれません。

＊

砂《すな》の校庭に水道の蛇口《じゃぐち》があります。それを囲んで、わたしたちは「浄《きよ》め」を学びます。イスラムでは、祈《いの》る前に手を洗《あら》います。両手、口、鼻、顔の順に洗います。モルディブはディヴェヒ語を話すモルディブ人が暮《く》らし、イスラム教が国教で、住民の大半がイスラム教徒です。

モルディブには人が住んでいる島だけで約200あります。そのひとつのマレ島に集中して学校があります。わたしは毎日ドーニと呼《よ》ばれる連絡船《れんらくせん》に乗って、首都マレの学校に通っています。朝、ドーニのデッキで英語の本を読んでいると、さわやかな風がさっと吹《ふ》き抜《ぬ》けます。「大きくなったら、このインド洋をわたりインドに行ってみたいな」と思って船着き場を見ると、わたしを待ってくれている友だちが手を振《ふ》っています。幸せを感じるときです。

モルディブの女の子は白い制服《せいふく》にネクタイです。赤色、緑色、むらさき色と、ネクタイの色で通っている小学校がわかります。

東南アジアの国ぐに

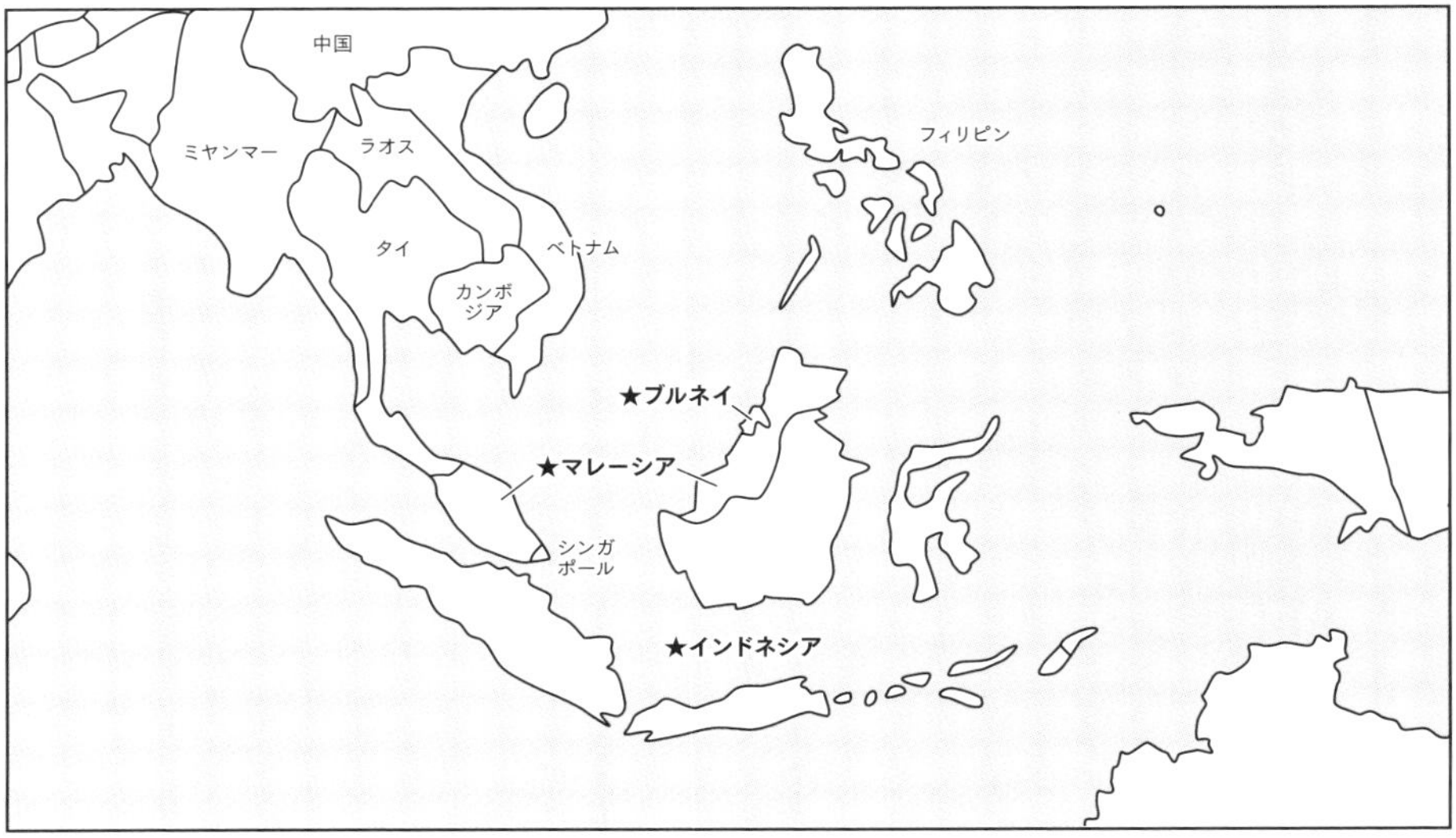

マレー語は必須《ひっす》科目の多民族国家
――マレーシア

ぼくの名前はファイサルです。ぼくたちの制服《せいふく》と制帽《せいぼう》、すてきでしょ。教室の2階から、クアラ・ルンプールのどんな世界が見えるか、知りたいですか？　全員それぞれ見えるものがちがいます。

マレーシアはマレー人、中国人、インド人などから成る多民族国家です。イスラム教が国教で、国民の約61パーセントを占《し》めるのがイスラム教徒です。宗教《しゅうきょう》は仏教《ぶっきょう》、キリスト教、ヒンドゥー教などもあります。マレー語で授業《じゅぎょう》をする学校のほかに、中国語、タミル語、英語で授業をする学校もあります。国語であるマレー語はどの学校でも必須《ひっす》科目です。学校内にイスラムの礼拝所《れいはいじょ》が併設《へいせつ》されているところもたくさんあります。

校庭のすみにある大きな木の下。ここはぼくたちの待ち合わせの場所です。マレーシアには義務《ぎむ》教育はありませんが、ほとんどの子は6年間の小学校に通い、中等学校（前期3年間と後期2年間）に進学します。教育費は小学校、中等学校とも無料です。

わたしたちは授業《じゅぎょう》が終わると教室の外の廊下《ろうか》を、ゆっくりとていねいに掃除《そうじ》します。学校は朝礼で始まり、掃除で終わります。

学校帰りの楽しみは、赤くてあまい氷水。

バイリンガル教育とイスラム教育
――ブルネイ・ダルサラーム国

ブルネイ人は水がすきです。ブルネイ川に沿《そ》って家がならび、干《ほ》された洗濯《せんたく》物が見えます。ぼくたちは川にかかった橋の途中《とちゅう》にある学校に通っています。そんな水の上の学校もあるんですよ。橋の下をモーターボートが行きかい、そのなかには教科書をひざの上にのせた女学生を見ることもあります。

ぼくたちの国はボルネオ島の北にある人口42万人くらいの小さな国です。オマール・アリ・サイフディーン・モスクが見えますね。イスラム教が国教です。日本には天然ガスや原油を輸出《ゆしゅつ》しているんですよ。ぼくはマレー語を話すマレー人ですが、先住民や中国人もいっしょに暮《く》らしています。首都はバンダル・スリ・ベガワンです。

＊

小学校では午前中、国語はマレー語で、算数、理科、社会は英語で、授業《じゅぎょう》があります。午後、生徒のなかでイスラム教徒だけは同じ学校に残り、あるいは他の宗教《しゅうきょう》学校に行き、イスラム教、コーラン、アラビア語を勉強します。午後、小学校の前を通ると、教室からコーランの唱和が聞こえてくることがありますよ。授業日は月～木曜日と土曜日で、金・日曜日が休みです。

イスラム教徒が世界で最も多い国
——インドネシア共和国

首都ジャカルタは自動車やオートバイがあふれ活気があります。校内に止められたオートバイを囲んで、わたしは友だちのアニやワティといつものおしゃべりです。知っていますか？ イスラム教徒は世界中で13億人以上いるといわれています。イスラム教徒はキリスト教徒に次いで、世界で2番目に多いのですよ。

知っていますか？ イスラム教徒が世界で最も多い国はどこか。わたしの国インドネシアです。全国民約2億6600万人のうち、約87パーセントがイスラム教徒です。インドネシアではイスラム教徒のほかに、キリスト教、ヒンドゥー教、仏教《ぶっきょう》などを信じる人たちもいます。わたしは宗《しゅう》教《きょう》に関係なく、友だちがたくさんいます。

＊

授業《じゅぎょう》が終わり、みんな教室を出ました。気がつくと、残っているのはわたしひとり。わたしはこの問題をなんとかしないと、どうしても前に進めません。

カラワンの田畑を歩いていると、わたしはよく集団《しゅうだん》で、小学生高学年や中学生が農作業をしているのを見かけます。指導《しどう》する引率者《いんそつしゃ》は大学生や先生であったり、農業に従事《じゅうじ》している人であったりといろいろです。これは子どもたちが農業実習をしながら礼儀《れいぎ》作法なども教わる、校外活動のひとつなのです。中学校では工業実習もさかんです。

アジアの最東端《さいとうたん》にあるインドネシアのイスラム化は13世紀ころに始まりました。

＊

イスラム教には、キリスト教のような教団《きょうだん》組織《そしき》はないし、聖職《せいしょく》者階級もありません。聖職者にかかわる役割《やくわり》を果たしているのが、ウラマー（イスラム諸《しょ》学問を修《おさ》めた法学者）です。布教《ふきょう》組織を公にはもたないイスラム教がアフリカ、中央アジア、東南アジアへと広まっていった理由のひとつは、世界各地にスーフィー教団が生まれ、布教活動をしたことにあります。スーフィーとは、神《アッラー》との直接《ちょくせつ》体験を目ざした人びとのことです。各地の教団は師《し》と弟子《でし》が共同生活をし、神《アッラー》との合一を求めて、コーランの読唱、礼拝《れいはい》などをおこない、修道場《しゅうどうじょう》を設《もう》けてコーラン、ハディース、アラビア語、神学など、マドラサで実行されているようなことを学びます。教団は各地で現地人《げんちじん》と交わり、その土地の習慣《しゅうかん》・伝統《でんとう》・文化をとり入れながらイスラム教を広めていきます。

＊

インドネシアは住民が住んでいる島だけで約6000あり、33の州に分かれています。各州はそれぞれ異《こと》なった文化や言語をもっています。民族は約300あります。そのため、授業は国語であるインドネシア語ですすめられていますが、生徒は各州で使われている言語も学びます。その言語の数は700以上あります。英語も科目のひとつです。学校は公立の一般校《いっぱんこう》以外に、宗教《しゅうきょう》（イスラム教）を重視《じゅうし》した教育をおこなっている学校もあります。義務《ぎむ》教育は男女共学で小学校6年間、中学校3年間です。

インドネシアは1945年に独立《どくりつ》し、国是《こくぜ》として建国五原則《げんそく》（パンチャ・シラ）を発表しました。そのいちばんはじめに、唯一絶対神《ゆいいつぜったいしん》への信仰《しんこう》をうたっています。同時にそこには、インドネシアの統一《とういつ》、人道主義《しゅぎ》、民主主義、社会正義もはっきり書かれています。

東南アジア3か国の類似点《るいじ》

東南アジアの3か国マレーシア、インドネシア、ブルネイを歩くと、三つの共通点に気がつきます。

ひとつは、どの国も海に面していて、イスラム教徒が多いことです。マレーシアとブルネイでは、イスラム教は国教です。インドネシアでは、イスラム教は他の四つの宗教《しゅうきょう》（カトリック、プロテスタント、ヒンドゥー教、仏教《ぶっきょう》）と同じように、国家が認めた宗教です。

もうひとつは、西アジアで生まれたイスラム教は東南アジアの国ぐにの沿岸《えんがん》地帯に達し、そこでヒンドゥー教、仏教《ぶっきょう》、儒教《じゅきょう》などと出合いましたが、すでにその土地に根を下ろしていた習慣《しゅうかん》・伝統《でんとう》・文化を大きく変えるようなことがなかったことです。ひとつ例をあげますと、3か国の学校の一日は朝礼で始まり、生徒たちの掃除《そうじ》で終わります。他の地域《ちいき》のイスラムの学校は、朝礼はありますが、掃除の習慣はありません。

三つめは、イスラムの国ぐにでは、イスラム教の宗教上の理由から、男女は別々の学校に通っているところが多いのですが、この3か国でのイスラム教は、男女共学という土着の習慣を受け入れています。世界のキリスト教徒や仏教《ぶっきょう》徒の数が横ばいなのに、イスラム教徒の数は増《ふ》え続けています。その理由のひとつは、イスラム教が土着の習慣・伝統・文化を受け入れるというところにあるでしょう。

北アフリカの国ぐに

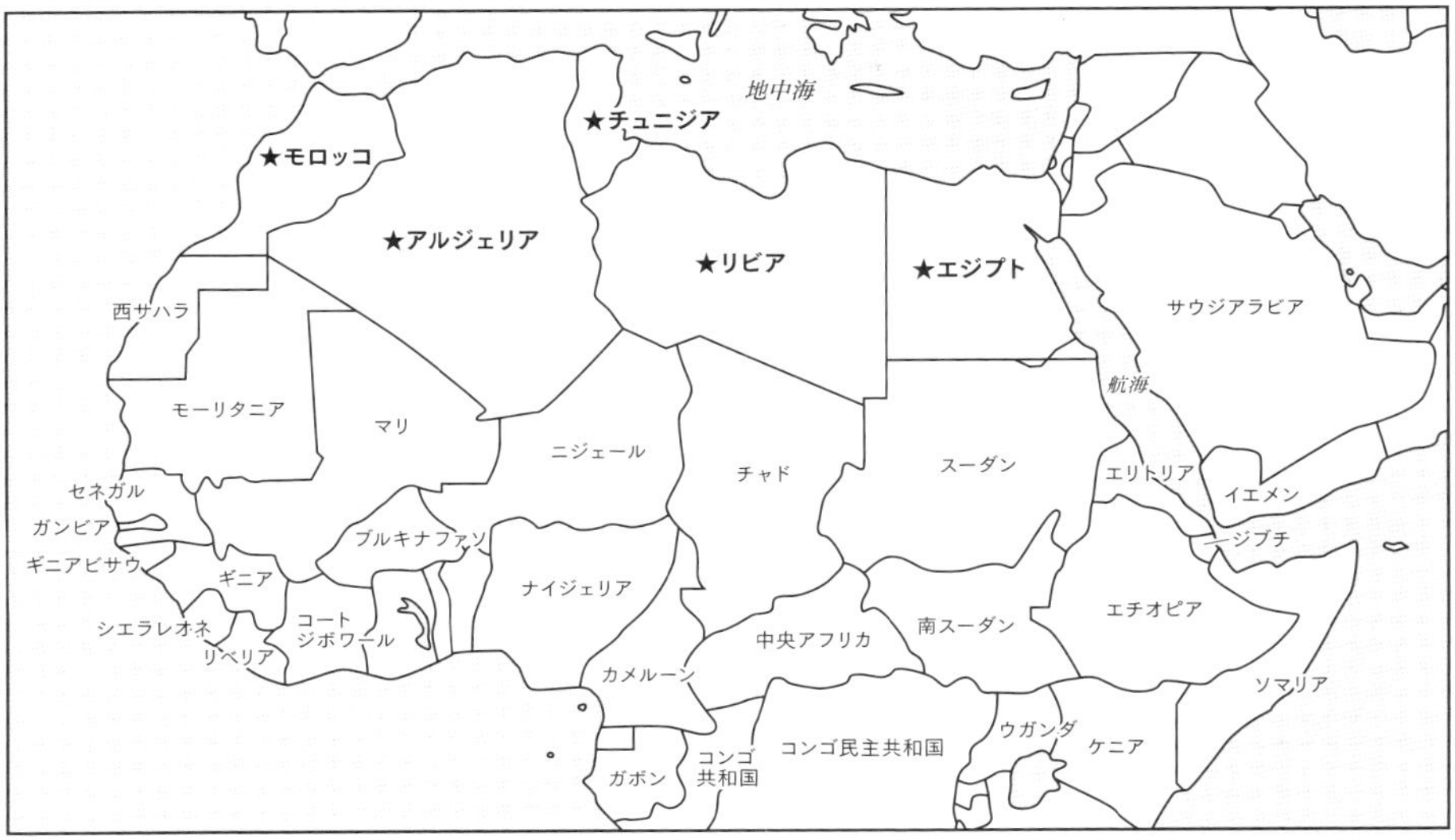
地中海
★チュニジア
★モロッコ
★アルジェリア
★リビア
★エジプト
西サハラ
サウジアラビア
航海
モーリタニア
マリ
ニジェール
チャド
スーダン
エリトリア
イエメン
セネガル
ガンビア
ギニアビサウ
ブルキナファソ
ジブチ
ギニア
ナイジェリア
エチオピア
コート
ジボワール
シエラレオネ
リベリア
中央アフリカ
南スーダン
カメルーン
ソマリア
ウガンダ
ケニア
コンゴ民主共和国
コンゴ
共和国
ガボン

ナイル川流域《りゅういき》と三角州地帯に集中する学校――エジプト・アラブ共和国

エジプトの南北を流れるナイル川のほとりは、古代文明の発祥地《はっしょうち》のひとつです。そのナイル川流域と首都カイロから北のアレクサンドリアまでの三角州地帯に、集中的に町や村があり、人が暮《く》らし、学校があります。その地域の面積はエジプトの国土の10パーセント以下です。そのほかの国土は砂漠《さばく》です。

わたしはカイロを南へ、ナイル川をさかのぼってエルバルやファイユームの町を訪《たず》ねます。北へ川を下ってシンベラウィン、アレクサンドリアの学校を訪ねます。

*

ぼくたちはびっくりしました。突然《とつぜん》、校庭に集められたからです。先生の話では、外国人のお客さんが急に来たからだそうです。国旗を掲《かか》げて歓迎会《かんげいかい》ですね。元気なところを見せなくっちゃ。

「歩道をわたり、しばらく歩くとアレクサンドリア港があります」と、近くにいた少年たちが、道を教えてくれました。

「ところで、みんなはここで何を話していたんだい？」とわたしがたずねると、少年のひとりから返事があった。

「カイロのアズハル大学についてだよ。イスラムで最も古い大学で、10世紀にモスクの付属《ふぞく》施設《しせつ》のマドラサとして設立されたんだ。いまはイスラム関係の学部だけでなく、工学部などもある総合大学で、ぼくはそこの医学部に入りたい。医学を通して、外の世界を知りたい。目で見たい。まだ、ずっと先のことだけど、みんなの意見を聞いているところなんだ。でもいまの成績《せいせき》ではね」。笑顔がすてきな少年たちだ。

授業《じゅぎょう》が終わって、みんなと帰ります。ここはファイユームという町で、近くにはナイル川が流れていますよ。ここはアラビア語で授業をする一般《いっぱん》校です。科目に宗教《しゅうきょう》（イスラム教）があります。エジプトは小学校６年間と中学校３年間が義務《ぎむ》教育ですが、進級試験や卒業試験が難しい。わたしもがんばらないと。

内戦が終わる日を待つ子どもたち
——リビア

わたしはトリポリの女子校に通っています。授《じゅ》業《ぎょう》はアラビア語とイスラム教が中心ですが、外国語の英語や数学、歴史などの科目のほかに、生活技術《ぎじゅつ》があります。

わたしがリビアの学校を訪問《ほうもん》した3年後の２０１１年２月、リビアのカダフィ政権《せいけん》に反対する勢力《せいりょく》が東部地域《ちいき》で蜂起《ほうき》し、内戦が起きます。その後政権は崩壊《ほうかい》しましたが、２０１４年末にイスラム勢力と世俗派《せぞくは》勢力が対立し、ふたたび内戦状態《じょうたい》になり、現在《げんざい》もその状態が続いています。

教室を出て、長めの休みはうれしい。

ぼくの小学校はガルヤーンという町にある。首都トリポリの南80キロの山のふもとにある。授《じゅ》業《ぎょう》が終わって、みんなで山道を登る。カバンを背負《せお》って家に帰る。道がふたつに分かれ、ぼくはひとりだけ急な山道のほうをさらに登る。下を見ると、いま別れた友だちがこっちに手をふっている。ぼくも思いっきり手をふった。この道の行きつくあたりから地中海が見えることもある。今日は地中海の向こうに、ヨーロッパの海岸が見えるだろうか。

*

地中海に面したレプティス・マグナの遺跡《いせき》には、古代ローマ帝国《ていこく》の建造物《けんぞうぶつ》があります。

アラビア語・イスラム教・フランス語が三本柱――チュニジア共和国

休み時間の校庭。わたしはお菓子《かし》をもって、あっちでラティファの相談にのり、こっちでルーズとないしょ話をして、くすくす笑います。食べるひまがありません。わたしの学校は、チュニジアの首都チュニスにあります。いちど遊びにきませんか？

3人よればすばらしい知恵《ちえ》が出るといいますが、ぼくら6人集ってもよい知恵は生まれません。どうしたらいいのかな。

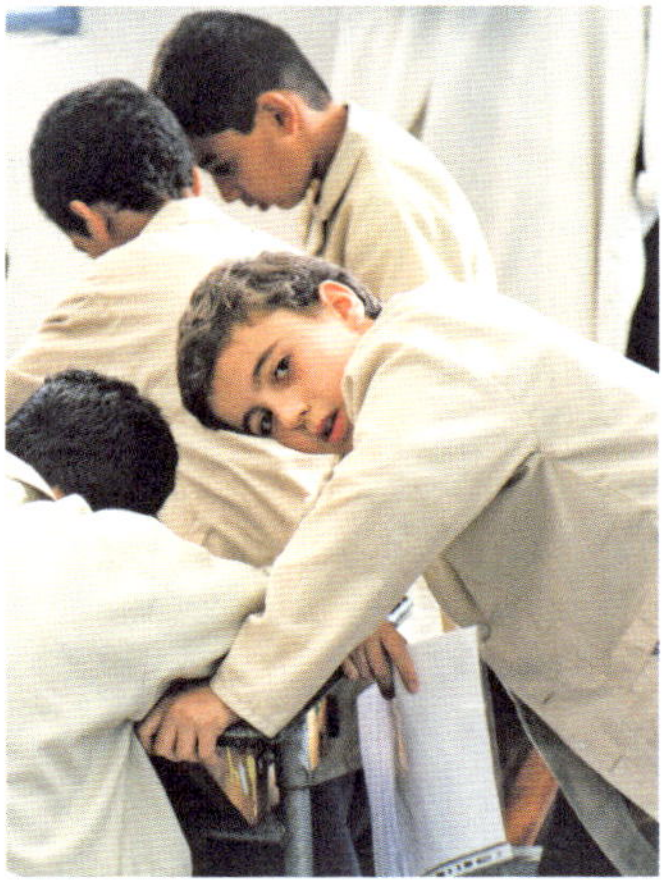

給食のあとの昼休み。体をほぐして、頭の回転をよくしなくっちゃ。いち、に、さん。はい、もっと体を反らして！

２０１１年3月11日、日本は大地震《じしん》と巨大津波《つなみ》による東日本大震災が起こった。世界に目を向けると、その年の1月、チュニジア革命《かくめい》の嵐《あらし》がリビア、エジプトなどの北アフリカ・イスラム諸《しょ》国とイエメン、シリアなどの西アジア・イスラム諸国を大きくゆさぶりました。

民家の2階で開かれているクッターブという塾《じゅく》（教室）に通う子どもたち。ここでは簡単な「読み・書き・そろばん」を学び、コーランを暗記・暗唱します。クッターブは伝統《でんとう》的なイスラムの初等教育です。そこでは出欠席はとりますが、年齢制限《ねんれいせいげん》はなく、時間割《わり》やクラスも固定していないし、学習年限も決まっていません。

クッターブを終えた優秀《ゆうしゅう》な子は、イスラム高等教育機関であるマドラサに入り、数年間、法学、コーラン、ハディース、神学、言語学などを学び、ウラマーになります。マドラサはモスク内にあったり、モスクの付属施設《ふぞくしせつ》として存在《そんざい》しています。

わたしを見ないでください。ない。フランス語の教科書がかばんにありません。家にわすれてきたんだ。わたしとしたことが！　わたしたちはたくさんの科目を学びますが、アラビア語とイスラム教育と三年生からはじめたフランス語が、大切な三本柱なのです。

イスラムの教えはアフリカ大陸の西端《せいたん》におよぶ——モロッコ王国

声をかけたら遠くの畑からきてくれた少年たち。大きなサボテンの前で。

カサブランカからマラケッシュに向かう道で、ふたりの少年に出会う。彼《かれ》らは自分たちはアラブ人だが、祖先《そせん》はベルベル人で、アラビア語のほかにベルベル語も話せるという。農業と、山地での羊と山羊の放牧で暮《く》らしているらしい。ふたりともイスラム教徒だ。

ベルベルと聞いて、わたしは14世紀の初頭、モロッコで生まれたベルベル系《けい》アラブ人、イブン・バトゥータを思い出した。彼《かれ》は若《わか》くして故郷《こきょう》をあとにし、コーランを片手にもち、30年かけて世界のイスラム社会を訪《たず》ね歩いた。その旅する若者の姿《すがた》と働く少年たちの姿がダブって見えた。

モロッコにはカサブランカやフェスやマラケッシュのように、買物客でにぎわうメディナ（旧《きゅう》市街《しがい》）があります。観光客に投げかける店員のかけ声は、フランス語まじりのアラビア語。値段交《ねだんこう》渉《しょう》をしている客の声はアラビア語、フランス語、英語など。モロッコの小学校では、国語であるアラビア語などの一般《いっぱん》教科と宗教《しゅうきょう》（イスラム教）のほかにフランス語を学んでいます。マグレブ3国ではフランス語が重要な科目のひとつです。

わたしはアイネ・ハルダという小さな町に住んでいます。小学校に入学するとすぐ、先生はイスラムのお祈《いの》りのしかたを教えてくれました。わたしは体を動かしておぼえます。メッカってどこにあるかわかりませんが、そこに向かってお祈りしました。友だちもひとりひとり、先生からお祈りのしかたを教わりました。

黒板ノートを見せて。

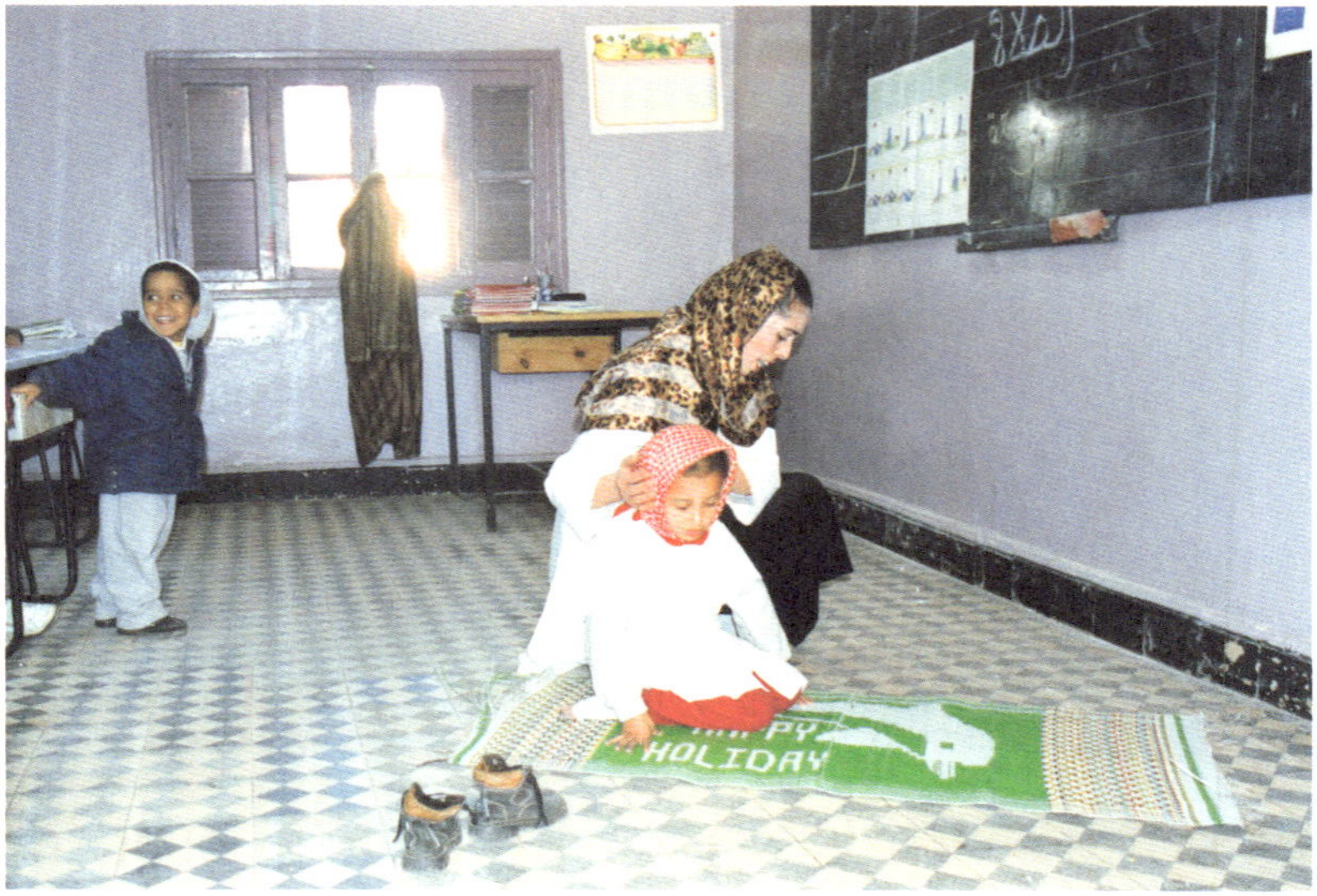

ザ・カスバ（城塞《じょうさい》）からヨーロッパを望む
――アルジェリア民主人民共和国

校舎《こうしゃ》を一歩出ると、目の前にあなたが立っていたのでびっくりしました。ぼくは思わず声をかけました。

「学校は終わりましたよ。この坂道を登りきると、アルジェ港と地中海の夕日が見えます。アルジェリアは、チュニジアとモロッコをふくめて、マグレブ三国と呼《よ》ばれています。マグレブの意味は、「日のしずむところ」です。日本は、「日の出る国」ですね。明日また学校にきてくれたらうれしいな。あなたをザ・カスバ（城塞）に連れていきたいから。」

ザ・カスバから見えるアルジェの港。

わたしは公立校の小学五年生です。アラビア語は国語なので授業《じゅぎょう》がいちばん多く、アラビア語で書かれている聖典《せいてん》コーランは一年生から学んでいます。必須《ひっす》科目はアラビア語とイスラム教育のほかに、数学・歴史・地理・社会・科学、それに三年生から習っているフランス語です。これから英語も学習します。アルジェリアは第二次世界大戦をはさんで、フランスと長い戦争をつづけ、１９６２年に独立《どくりつ》しました。

２０１８年の資料によると、アルジェリアの国民は、約４２００万人で、その99パーセントがイスラム教徒です。

イスラム教徒が1億人を超《こ》える国は、インドネシア（約2億３２００万人）、パキスタン（約1億９２００万人）、インド（約1億９２００万人）、バングラデシュ（約1億４８００万人）、ナイジェリア（約1億人）です。８０００万人を超える国は、エジプト（約８９００万人）、イラン（約８１００万人）、トルコ（約８１００万人）です。３０００万人を超える国は、エチオピア（約４７００万人）、モロッコ（約３５００万人）、アフガニスタン（約３５００万人）、それにスーダンとイラクです。調べたほとんどの国が、毎年1・1～2・1パーセント前後の人口増加率《ぞうかりつ》がみられました。現在《げんざい》の人口増加率がつづくと、近い将来《しょうらい》、世界のイスラム教徒の数はキリスト教徒の数より多くなり、世界第一位の宗教勢力《しゅうきょうせいりょく》になるかもしれません。

ザ・カスバから地中海に浮かぶ船が見えます。

北アフリカ5か国の類似点《るいじ》

北アフリカの5か国（エジプト、リビア、アルジェリア、チュニジア、モロッコ）には、いくつかの共通点があります。

一つ。国民の90パーセント以上がアラビア語を話すアラブ人で、イスラム教が国教です。

二つ。五か国の北には地中海があり、南にはサハラ砂漠《さばく》が広がっています。ラクダは砂漠での物《ぶっ》資《し》の輸送《ゆそう》には欠かせませんでしたが、最近では道路が整備され、トラック輸送もできます。砂漠地帯を自由に移動《いどう》しているのが、アラブ系《けい》遊牧民族ベドウィンです。彼《かれ》らの暮《く》らしは、砂漠での移動生活から町での定住生活に変わりつつあります。それは安定した収入《しゅうにゅう》が得られるからだけではなく、子どもにより高い教育を受けさせたいという親の気持ちのあらわれです。

三つ。小学校は男女共学です。小学生には低学年から多くの時間をさいて外国語教育がおこなわれています。エジプトとリビアでは英語が、マグレブ3か国ではフランス語が、カリキュラムにとり入れられています。

馬車の正面には「神《アッラー》にすべてをゆだねる」と書かれたアラビア文字が見えます。（エジプト）

東アフリカの国ぐに

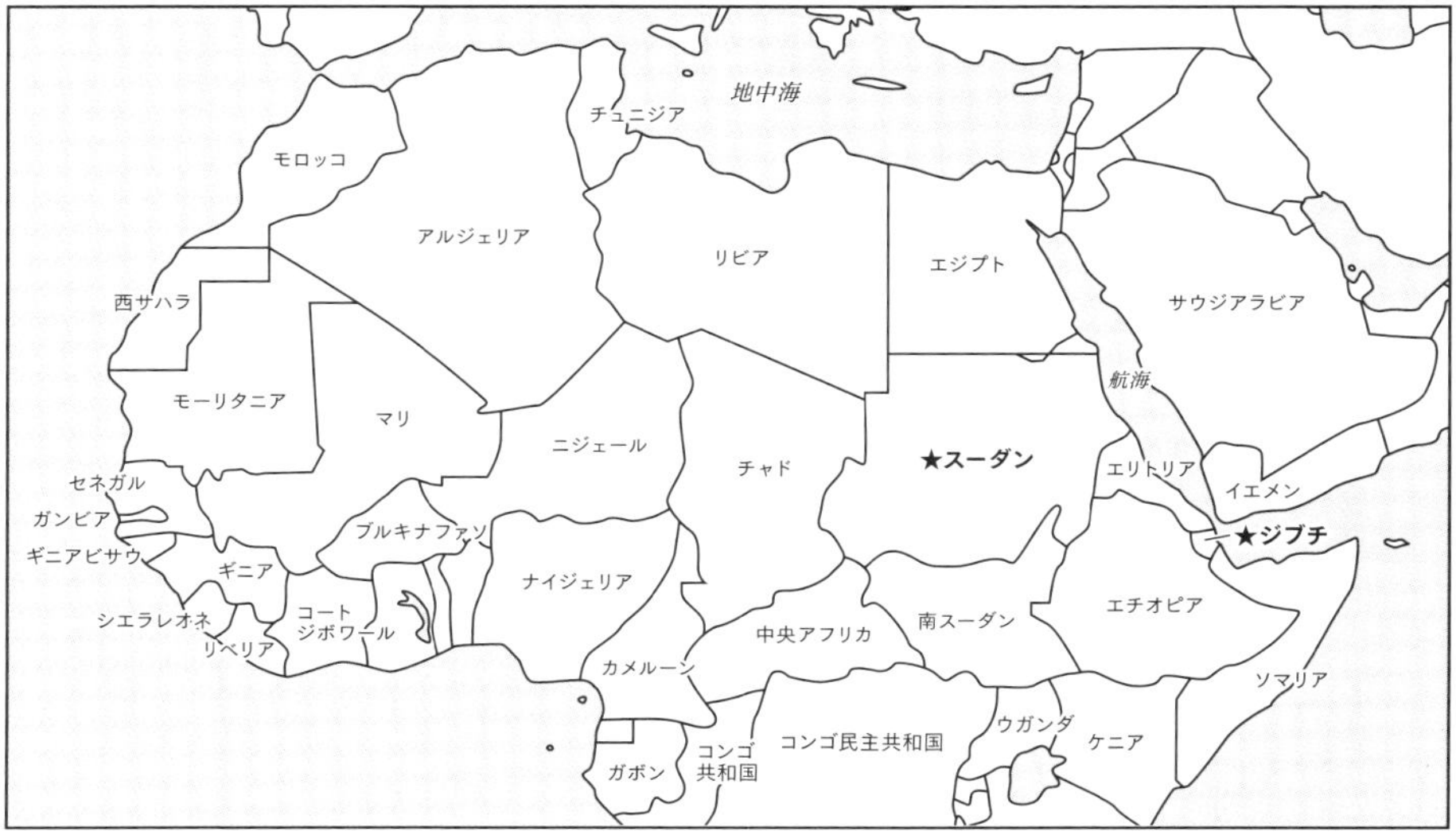

地中海
チュニジア
モロッコ
アルジェリア
リビア
エジプト
サウジアラビア
西サハラ
モーリタニア
マリ
航海
ニジェール
チャド
★スーダン
エリトリア
イエメン
セネガル
ガンビア
ギニアビサウ
ブルキナファソ
★ジブチ
ギニア
ナイジェリア
エチオピア
シエラレオネ
コート
ジボワール
リベリア
中央アフリカ
南スーダン
カメルーン
ソマリア
ウガンダ
コンゴ民主共和国
ケニア
コンゴ
共和国
ガボン

50度を超《こ》える日もある世界でもっとも暑い国――ジブチ共和国

ジブチは国民の大半がイスラム教徒です。いまフランス語で授業《じゅぎょう》を受けています。わたしたちの国語はアラビア語ですが、フランス語も小さいときから学校で学んでいます。なぜかというと、わたしたちの国ジブチは1977年に独立《どくりつ》しましたが、それまで長い間フランス領《りょう》だったからです。アラビア語は右から左に、フランス語は左から右に書きます。日本語はどう書くのですか？ えっ、上から下に書くのですか。左から右にも書けるのですね。まるで忍者《にんじゃ》みたいですね。日本の漫画《まんが》でニンジャを見たことがあります。

午前10時から長めの休み時間があります。授業日は土曜日から木曜日で休日は金曜日。義務《ぎむ》教育は小学校5年間と中学校4年間です。ジブチの北部にはアファル語を話すアファル人が、南部にはソマリ語を話すイッサ人が住んでいます。このふたつの民族が全人口の80パーセントくらいを占《し》めています。わたしたちが住んでいる首都ジブチには、イッサ人が多いです。

ぼくたちの国のジブチ港と、となりの国エチオピアの首都アジスアベバを結ぶ鉄道は、いろんな品物を運んでいるんだって。クラス全員でおべんとうをもって、貨物列車でいいから乗ってみたいな。となりの国の人はどんな暮《く》らしをしているのだろう。港から貨物船がインド洋や紅海をわたるのを見たいな。

先生は黒板の上から、次のことをアラビア語で、一気に書きました。今日は2017年9月25日。教科は宗教《しゅうきょう》で、イスラム教信仰《しんこう》の基本《きほん》的な教えである六信について。六信とは六つのことを信じることで、その内容《ないよう》が最後の三行です。先生は六信を、かみくだいて説明してくれます。

気温が40度を超《こ》える暑さのなかでの授業《じゅぎょう》です。冷房《れいぼう》なんてありません。ジブチは1年間の平均《へいきん》気温が約30度です。

2020年にあなたの国の首都東京で、オリンピックとパラリンピックが、30度を超える暑さと高い湿度《しつど》のなかで開かれるそうですね。もしジブチの選手がその大会に参加すれば、よい成績《せいせき》が得られるでしょう。だって暑さでは、どの国にも負けませんから。猛暑《もうしょ》のなかで、どのように工夫すればよいか、慣《な》れていますから。

校舎《こうしゃ》のわきのせまい校庭で、休み時間をすごす生徒たち。

アフリカの縮図《しゅくず》。多民族・多言語・多宗教《しゅうきょう》——スーダン共和国

わたしは首都ハルツームの郊外《こうがい》にある女子校を事前の予約なしで訪問《ほうもん》しました。幸いなことに、あるクラスの〝女性《じょせい》のための科学技術〟というテーマを、男性《だんせい》の先生と生徒18人が英語で討論《とうろん》するのを見学することができました。

20分くらいで活発な討論は終わり、授業の残り時間は、生徒たちとわたしのためにあてられました。わたしは黒板の前に立ち、生徒たちと向かい合い、先生は生徒たちの後方に立ちました。わたしは、スーダンの過去《かこ》と現在《げんざい》と未来を知りたいと、大きな声で先生に話すと、彼《かれ》は笑いながら手をあげ、了解《りょうかい》のポーズをとってくれました。先生は、リーナ！　といって座《すわ》っている生徒のひとりに声をかけると、その子は立ちあがって先生のところにいき、なにやら指示《しじ》を受けると、生徒全員を集めました。3、4分話し合ったあと、みな席にもどると、先生がふたたびリーナ！　と声をかけました。彼女《かのじょ》は姿勢《しせい》正しく立ちあがり、わたしと向き合いました。

「わたしの名前はリーナです。歴史と地理で学んだ、昔のスーダンについて話します。

スーダンは700年以上も前から、エジプトのナイル川に沿《そ》って、またアラビア半島から紅海をわたって、アラブ・イスラム教徒の商人が交易《こうえき》のためにこの地にやってきました。16世紀になると、フンジ王国とダルフール王国のふたつのイスラム王国が生まれ、もともとその土地にあった宗教《しゅうきょう》を信じていた人びとは、少しずつイスラム教に改宗していきました。いまではイスラム教徒が大半で、イスラム教が国教です。多くの民族を抱《かか》える2017年のスーダンで、国語であるアラビア語を話すアラブ系《けい》スーダン人が、国民の半数以上を占《し》めています。アラブ系スーダン人とは、移住《いじゅう》したアラブ人と、もとからスーダン地《ち》域《いき》に住んでいた先住民との混血者《こんけつしゃ》の子孫のことです。わたしの説明でわかりますか。あとで日本人のルーツについて教えてください。」

リーナがファティマ！　と声をかけると、その子ますっと立って、ゆっくりだが、ていねいに話しはじめました。

「わたしの名前はファティマです。わたしたちは、

先週社会科の授業《じゅぎょう》で、日本について学んだばかりです。日本は主に四つの島から成り、四方を海で囲まれ、スーダンの7分の1の面積のところに１億２０００万人も住んでいて、しかもほとんどが日本人。民族はひとつ。言葉もひとつ。日本中どこへ行っても誰《だれ》と会っても、日本語が通じる。第二次世界大戦では敗れたが、いままでに他の国の植民地になったことはない。仏教《ぶっきょう》を信じる人が多く、イスラム教徒はほとんどいない。人口は年々減《へ》っているけど、外国人観光客は毎年増《ふ》え、年間２０００万人以上だそうですね。先生の話を聞いて、信じられないような国があるんだなと思いました。あとで教えてください。日本の民族はひとつですか？　少数の民族はいないのですか？」

　セイダ！　とファティマの声がかかると、その子は立ちあがり、考えながら、思い出しながら話しはじめました。

「わたしの名前はセイダです。長年にわたってイギリス・エジプト共同統治領《とうちりょう》だったスーダンは、１９５６年にスーダン共和国として独立《どくりつ》しました。そのときの調査《ちょうさ》によると、スーダン共和国の民族を大きく分けると50以上あり、さらに小さい民族集団《しゅうだん》に分けると６００近くあることがわかりました。言語ではアラビア語を話す人は全人口の50パーセントで、他はそれぞれの民族集団の言語を話していました。英語を話す民族は、南部に少しいるだけです。宗教の面で見ると、イスラム教徒が66パーセント、キリスト教徒が5パーセントで、残りは、それぞれの民族集団がもっている伝統的な宗教でした。ですから、わたしたちは日本のことを学んで、おどろいたのです。

　ただ、２０１１年にわたしたちのスーダン共和国から南部のスーダンが分離《ぶんり》して、南スーダン共和国として独立しましたので、現況《げんじょう》は変わっていると思います。いまは２０１７年ですから。それと、わたしたちの国の人口は、この20年間で２０００万人以上増《ふ》えて、いまでは４０００万人くらいになっているそうです。あなたは、びっくりした顔をしていますね。そうです。20年間で人口が2倍になったのです。２０１７年のいま、国民の大多数がイスラム教徒です。あとで教えてください。なぜ日本の人口は減っているのですか？　さびしいですね。」

　セイダは話し終えると、ほっと息をはいて席に

つきました。

セイダのアイシャ！　の声に、その子は体をびくっと動かして立ちあがりました。きっと生徒たちは、自分が名指しされたらなにを話そうかと、心のなかであれこれ考えていたことでしょう。

「わたしの名前はアイシャです。２０１２年、隣《となり》の国になりました、新国家南スーダン共和国の建設《けんせつ》を助けるために、日本の自衛隊が首都ジュバ郊外に派遣されました。そのことを知って、わたしは日本という国を身近に感じました。そしてわたしたちは隣の国の人びとと仲よくやっていかなければならないと思いました。ありがとうございました。わたしは自分の民族、自分の国のことばかり考えていますが、将来《しょうらい》、他の困っている国や人びとを助けることができるようになれればいいなと思っています。」

生徒たちとの話し合いはつづく。食べ物のことから農業のこと。家族と家庭のこと。将来の職業《しょくぎょう》のことなど。わたしは先生の助けを借りて、「スーダンと日本のこと」を生徒全員と語り合うことができました。真剣《しんけん》に、楽しく、ときどき冗談も交えて。

「今日はありがとう。おかげでスーダンのことが少しわかりました。最後に一言いわせてください。みなさんの英語の表現力はすばらしい。英語の語彙《ボキャブラリー》が豊富《ほうふ》で、なによりもはきはきと、生き生きと話すのが気に入りました。外国語として学ぶ英語のはずなのに、わたしには、英語があなたがたの母国語のひとつのように思えました。みなさんは、これだけの知識《ちしき》の正確《せいかく》さと発表力があれば、スーダンだけでなく、アフリカ中どこでも、世界中どこでも、もちろん日本でも自信をもって仕事をすることができます。自分の英語を話す能力《のうりょく》が、近い将来役に立つのだということを自覚し、自信をもってください。

　みなさんは英語だけではなく、アラビア語も話せますし、書くことができます。日本人で英語とアラビア語の二つの言葉を話せる人はごくわずかです。機会があったら日本に来てください。日本語ですか？　わたしが教えますよ。ははは……。」

　話し終えて、わたしは後方に立っている先生に右手をあげ、ウィンクを投げかけ、無言で、これでいいですかと問うと、彼《かれ》は笑って、了解《りょうかい》のポーズを送ってくれました。

青ナイル川の橋をわたるとわたしたちの学校があります。一年生から八年生までが通っています。午前10時から30分間の休みに、校庭の露店《ろてん》で食べ物を買う子もいます。

休み時間が終わると、ぼくたちは校庭のごみを拾います。校門近くのごみを拾っているのは、ハッサムとアフマッドです。

ぼくたちの国の義務《ぎむ》教育は6歳《さい》からの8年間です。その後、試験を受け、合格《ごうかく》すると高校に進学できます。

西アフリカの国ぐに

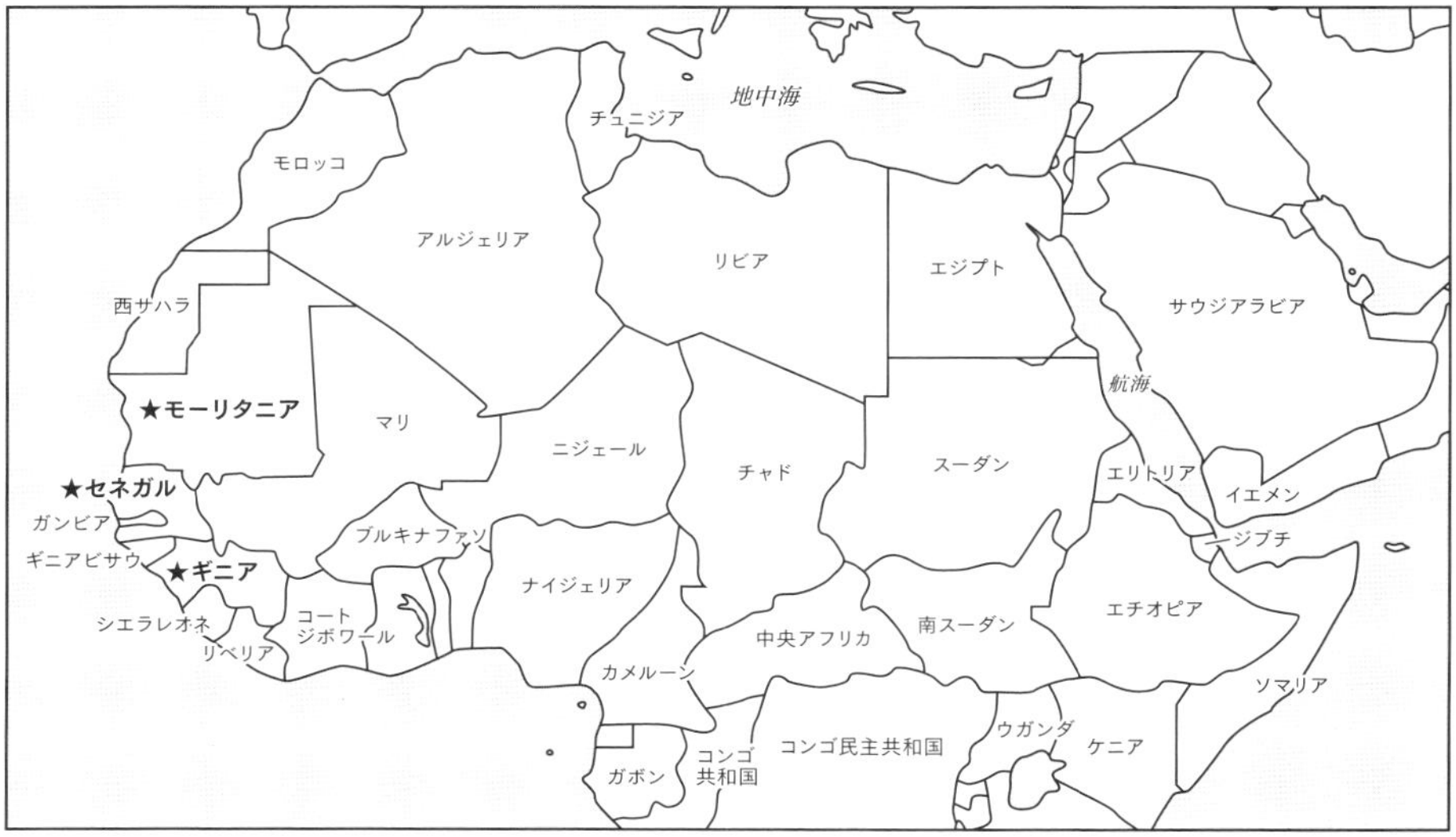

地中海
チュニジア
モロッコ
アルジェリア
リビア
エジプト
西サハラ
サウジアラビア
紅海
★モーリタニア
マリ
ニジェール
チャド
スーダン
エリトリア
イエメン
★セネガル
ガンビア
ギニアビサウ
★ギニア
ブルキナファソ
ジブチ
ナイジェリア
シエラレオネ
コート
ジボワール
リベリア
中央アフリカ
南スーダン
エチオピア
カメルーン
ソマリア
ウガンダ
ケニア
ガボン
コンゴ
共和国
コンゴ民主共和国

砂漠《さばく》化が進むなかでの暮《く》らしと教育
——モーリタニア・イスラム共和国

わたしたちの国モーリタニアを知っていますか？　聞いたことがない？　それじゃ、歴史と地理で習ったことを少し話しますね。モーリタニアは大西洋に面し、とてもよい漁場をもっています。１９６０年11月にフランスから独立《どくりつ》しましたが、そのころから日本の漁船がヌアクショット港やヌアディブ港にきて、魚をとっていました。いま、わたしの国は日本に、タコやイカなどの水産物をたくさん輸出《ゆしゅつ》しています。モーリタニアはタコの足で、日本とつながっているんですよ。

１０００年以上前に、北アフリカからアラブ系《けい》やベルベル系の遊牧民がモーリタニアの北部に侵《しん》入《にゅう》してきて、社会はイスラム化が一層《いっそう》すすみました。いまでは国民の99パーセントがイスラム教徒で、イスラム教は国教です。北部の遊牧民は安定した収入《しゅうにゅう》と子どもの教育のため遊牧生活から都市での定住生活に変わりつつあります。街を歩くと、ラクダ、ヤギ、牛などが王様のように道路をゆうゆうと歩いています。南部では黒人系の諸《しょ》民族がセネガル川流域《りゅういき》で農業をいとなんでいます。アワ、ラッカセイ、トウモロコシなど、それにお米もとれるんですよ。でも国土の大半はサハラ砂漠です。学校は金曜日が休みで、土曜日から木曜日まで授業《じゅぎょう》があります。義務《ぎむ》教育は小学校の6年間です。国語はアラビア語ですが、フランス語の授業時間も多いです。それは長い間、モーリタニアがフランス領《りょう》だったからだと思います。まだ話したいことはありますが、このくらいで終わります。

わたしの名前はバトゥです。友だちのアシャウワやジャライといっしょに歩いて学校にきます。

えさを求めて街をぶらぶらと。

幼稚園《ようちえん》の教室の壁《かべ》には、国旗の絵がはってあります。モーリタニアがイスラム教の国であることを示《しめ》しているのは、国旗の三日月と星と信仰《しんこう》色である緑色です。国旗の下には、28のアラビア文字が見えます。

ときには、やむを得ずストライキをする先生たち――ギニア共和国

わたしの学校には制服《せいふく》があります。ギニアは小学校6年間、中学校4年間、高校3年間が義務《ぎむ》教育ですが、わたしの通う学校は首都コナクリの郊外《こうがい》にあり、小学校から高校までの一貫《いっかん》教育です。幼稚園《ようちえん》もあるんですよ。

＊

グループ学習。グループの意見がまとまったら、代表者がその内容を黒板に書いて発表します。

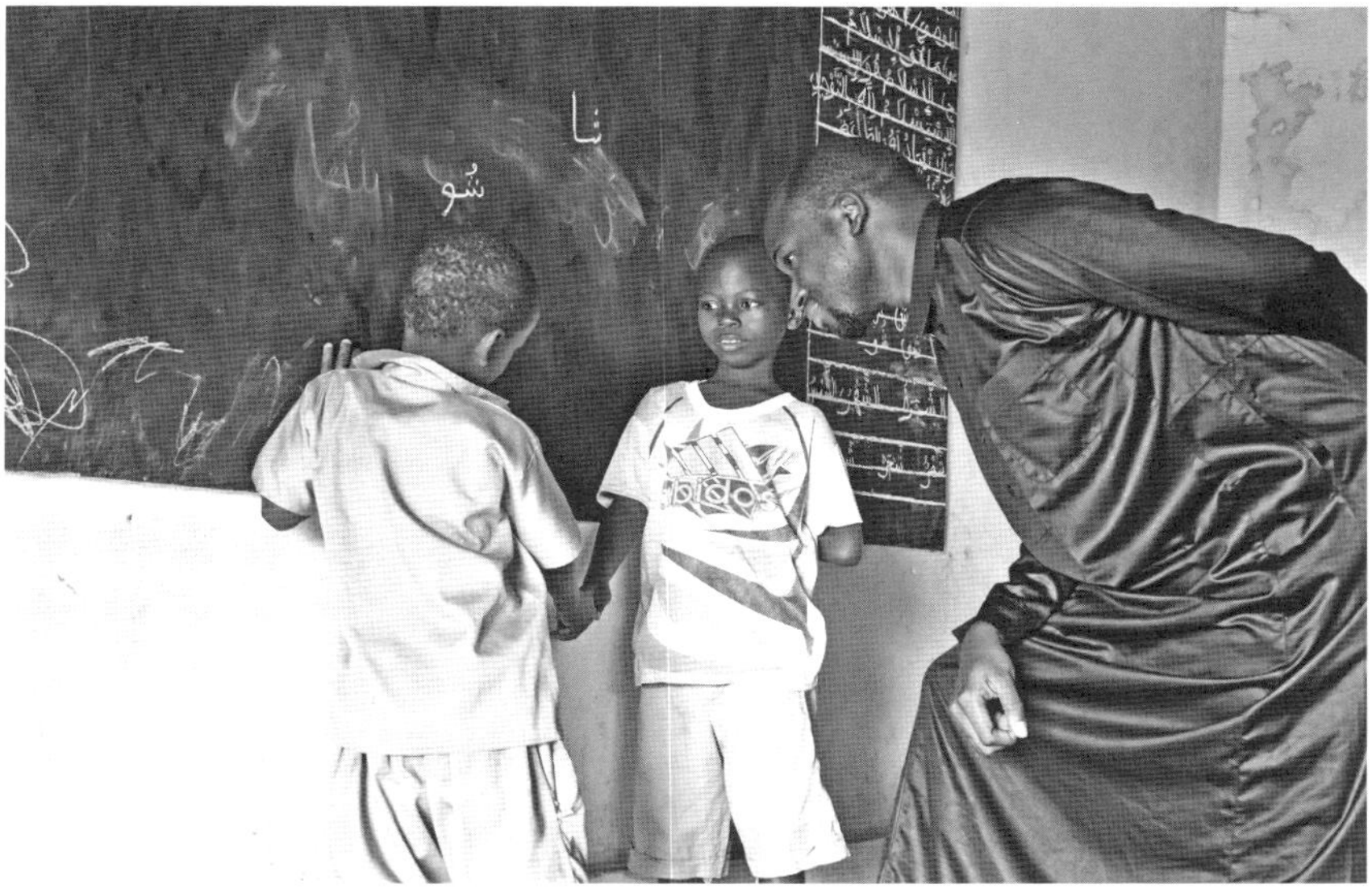

わたしたちの学校には制服《せいふく》がありません。男の子はほとんどが半そでのシャツを着ていますが、女の子は色柄《いろがら》のついた服で学校にくる子が多いです。男女共学ですが、教室のふたりがけの机《つくえ》には、女の子どうし、男の子どうしで座《すわ》ります。なぜかしら。

フランス語は国語なので、一年生から勉強します。ほかに算数、理科、社会（歴史・地理など）、図工、体育など学びます。わたしたちは授業《じゅぎょう》のときはフランス語で話しますが、外で友だちと話すときや家族と話すときは、民族の言葉で話すことが多いです。ギニアは、いくつかの民族で構成《こうせい》され、それぞれ独自《どくじ》の民族の言語をもっています。例えば、マリンケ族はマリンケ語を、スースー族はスースー語を、フルベ族はフルベ語を話します。この三つの民族で人口の約90パーセントを占《し》めますが、ほかにバッサリ、コニアギ、キシ、ゲルゼ、トマなどの民族も独自の言語をもっています。

首都コナクリでは先生たちの経済《けいざい》上の理由によるストライキで、学校が休みのところが多いけれども、授業《じゅぎょう》をやっている教室もあります。それはクッターブと呼《よ》ばれる教室で、コーランとハディースを無料で教えるところです。小学校とは別に存在《そんざい》しています。そこには5歳《さい》から12歳くらいの男女30人くらいが、週3回、午前中通っています。男性《だんせい》の校長先生と女性《じょせい》の担任《たんにん》がいますが、今日は特別にサウジアラビアからイブラヒム先生がきて、子どもたちがすでに教わっているイスラムの礼儀《れいぎ》作法を確認・指導《しどう》しています。ギニアでは授業料が無料の公立小学校が不足しているため、学校に行けない子が約30パーセントもいます。ギニアでは国民の約90パーセントがイスラム教徒です。クッターブは存在する理由があるのです。

校庭の姉妹。

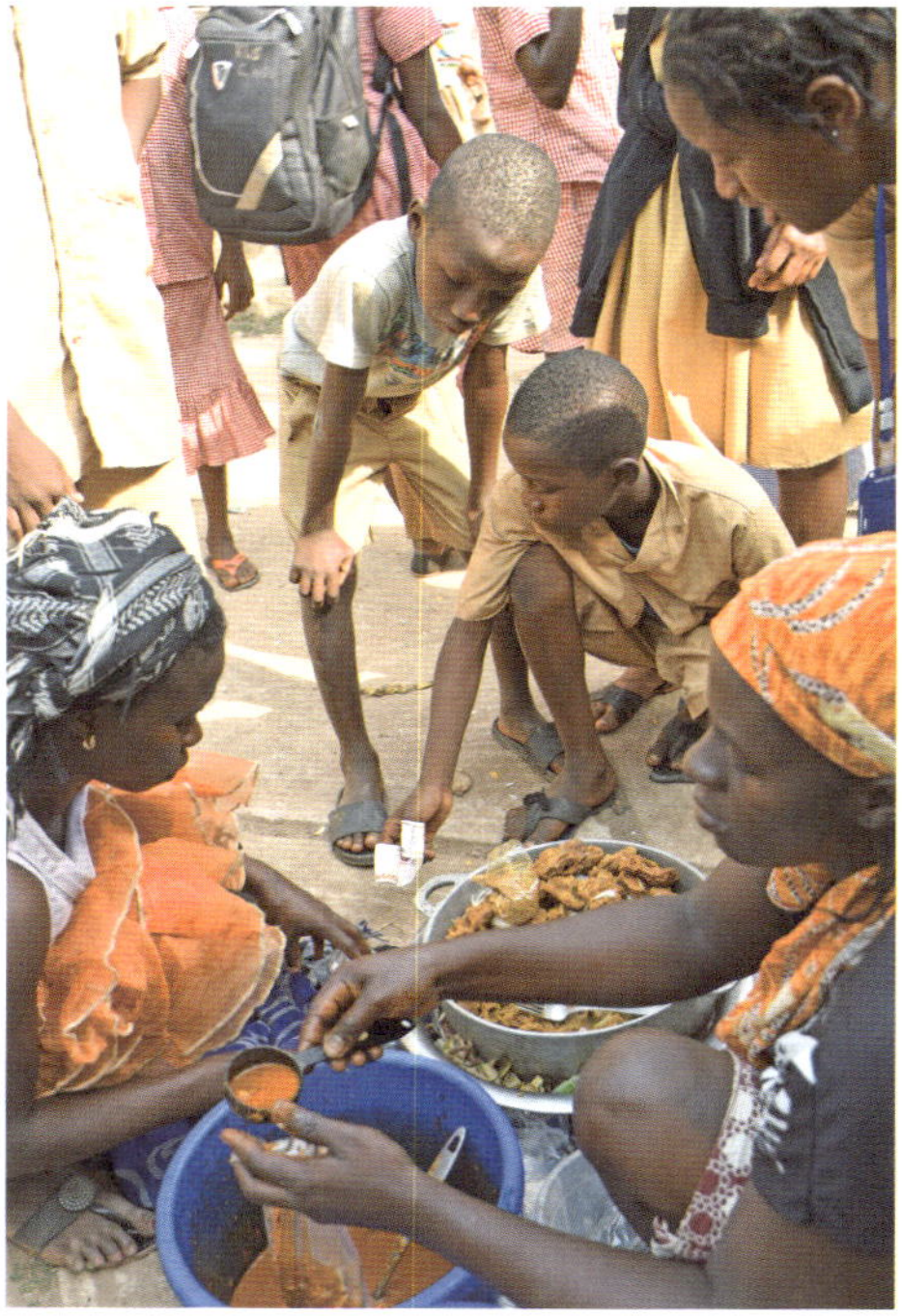

校庭に小さな出店が並びます。

2018年サッカー・ワールドカップで日本と戦った国――セネガル共和国

モロッコなどの北アフリカの国ぐにのアラブ商人は、キャラバン（隊商）を組んで、ラクダに乗ってサハラ砂漠《さばく》を縦断《じゅうだん》し、西アフリカや中央アフリカの国ぐにの人びとと交易《こうえき》しました。800年も900年も前のころです。アラブ商人はイスラム教徒でしたので、この地にイスラム教が入ってきました。

そんなわけで、大西洋に面し、アフリカ最西端《さいせいたん》にあるわたしたちの国セネガルも、早くからイスラム化がすすみ、国民の94パーセントはイスラム教徒です。しかし学校での国語はフランス語です。アラビア語や英語も勉強します。語学は生きていくために、生活していくために大切なのです。

＊

制服《せいふく》を着て授業《じゅぎょう》を受けます。小学校は6歳《さい》から12歳までです。小学六年生には、国の統一《とういつ》試験があります。

先生の腕《うで》の下から、こんにちは！

海の向こうは南北のアメリカ大陸。セネガルは日本から 15000 キロのところにあり、日本との時差は 9 時間です。

校庭を掃除《そうじ》し、草木に水をまいています。

2018年6月24日、サッカー・ワールドカップのロシア大会で、セネガルは日本と戦い2対2で引き分けました。仲間のアブドゥ、ムサ、ムハンマドたちとテレビで試合を見ました。絶対《ぜったい》に勝てると思ったのですが。日本の素早《すばや》さ、チーム・ワークのよさにびっくりしました。

首都ダカール郊外《こうがい》にあるわたしたちの学校では、服装《ふくそう》は自由ですが、女の子はピンク色の上っぱりを羽織《はお》ります。授業《じゅぎょう》に、月曜日から金曜日まであります。

さようなら！　またね。

イスラム法（シャリーア）と日本国憲法

イスラム社会では、人びとはイスラム法（シャリーア）に従《したが》って生活し行動しています。イスラム法は神《アッラー》が定めた法で、コーランとスンナ（ハディースから得られた知識《ちしき》）などを法のもとにしてつくられた規範《きはん》です。ですからイスラム法は文章で定められていない不文法です。そこでイスラム法を解釈《かいしゃく》し、執行《しっこう》する者が必要になります。その役割《やくわり》を果たす者がウラマーです。ウラマーとはイスラムの諸《しょ》学問を修《おさ》めた者のことで、彼《かれ》らが国家とイスラム教徒の民衆の間に入って諸問題を解決します。しかし19世紀になると、イスラム国家は、欧米から近代的な法をとり入れたので、ウラマーの存在《そんざい》は低くなり、その役割も少なくなっていきました。

現代《げんだい》のイスラム世界のほとんどの国家は、近代憲法のような法を制定《せいてい》・運用し、政治《せいじ》・経済《けいざい》・外交などの分野での問題を解決しています。それに文章で定められた成文法であることが多い。しかし子どもの教育、結婚《けっこん》などの日常《にちじょう》生活の私的《してき》分野では、イスラム法を運用しています。このようにイスラムのほとんどの国家は、イスラム法と憲法のような近代的な法を使い分けています。国によっては、多くの私的分野でも、近代的な法を適用《てきよう》しています。

日本には日本国憲法があり、国民はそれに従って生活し行動しています。日本の社会は、人が日本国憲法の下で暮《く》らす社会ですが、イスラムの社会は、人がコーランの下で暮らす社会なのです。国家もコーランの下で機能《きのう》し役割を果たしているのです。

イスラム教と日本の仏教《ぶっきょう》、神道《しんとう》

海外に行くと「あなたの宗教《しゅうきょう》はなんですか」とたずねられることがあります。わたしはためらって「仏教徒です」とこたえます。ただ、すぐ「1年に3、4回、お寺の墓《はか》参りに行くくらいですが」とつけ加えます。親しくなったイスラム教徒に、次のような話をしたことがあります。

「日本には寺とは別に神社があり、それは神道（日本で生まれた民族信仰《しんこう》）の神をまつるところです。信仰の対象は祖先《そせん》だったり、自然だったりさまざまです。ですから神道は多神教です。わたしは本殿《ほんでん》の前で拝《おが》むこともあります。12月のメッカへの大巡礼《じゅんれい》（ハッジ）で世界から集まるイスラム教徒より、12月のクリスマスにバチカンで祈《いの》るカトリックより、正月の明治神宮で参拝《さんぱい》する人のほうが多い。その人数は300万人ですよ。そうです。日本人の多くは、寺で仏を拝むこともあれば、神社で〝かしわ〟手を打って神を拝むこともあるのです。」

彼《かれ》はわたしの話を聞きながら、おどろき、首をかしげ、話が終わると真剣《しんけん》にわたしの顔をのぞきこみ、「いったい、あなたはなにを信じているのですか」と、穏《おだ》やかだが、はっきりと疑問をぶつけてきました。

わたしの菩提寺《ぼだいじ》には両親の名前が刻《きざ》まれた墓碑《ぼひ》がありますが、その隣《となり》に高さ75センチ、幅18センチ、厚さ5センチくらいの小さな細長い墓碑が、すずしげに建っています。その表面には、母方の祖父母と母の弟の名前が刻まれています。なぜそれが両親のとは別の場所にあるのかというと、それは祖父母が神道の神を信じていたからです。仏の墓碑と神の墓碑。せまい敷地《しきち》内に、神道の墓碑があるのは、心のひろい寺の住職《じゅうしょく》の粋《いき》なはからいがあったからです。仏教と神道の共存《きょうぞん》です。まさに日本の宗教《しゅうきょう》の本質《ほんしつ》をついています。

あとがき――イスラム37か国の学校を訪《たず》ねて

子どもたちの声が聞こえてくるから旅に出ます。山がそこにあるから登るように。ひとつの旅が終わり、次がどこになるかはわかりません。旅はいつもひとりで、目的地は、国ではなくて学校です。校舎《こうしゃ》のある学校もあれば、民家の2階を教室にしているところもあります。どんな学校であれ、どんな教室であれ、イスラムの子どもたちがなにを学び、どのように先生との絆《きずな》をつくり上げていくのか、それを見て、肌《はだ》で感じることが旅の目的です。

イスラム国家とは、全人口の過半数《かはんすう》をイスラム教徒（ムスリム）が占《し》める国のことです。イスラムとは、アラビア語で「神の教えにすべてをゆだねること」という意味です。

わたしはごく普通《ふつう》の小学校・中学校・高等学校を、ときには、保育園・幼稚園《ようちえん》を訪問《ほうもん》します。ほとんど事前の約束なしの訪問です。校長先生にお会いして学校訪問の目的を話します。教室に入ります。はじめて会う子どもたちです。授業《じゅぎょう》を見学し、参加して、子どもたちの輪のなかに入ります。少しずつ、わたしたちはたがいに理解《りかい》しはじめます。教室はおどろきと発見でどよめく。授業が終わりに近づくと、わたしは生徒ひとりひとりの人なつっこいほほえみに感謝《かんしゃ》して、写真を撮《と》る。先生と生徒のふたつの炎が燃えさかる音を、近よって写真に撮る。どの学校も飾《かざ》ることなく、ありのままの姿《すがた》を見せてくれました。

同じ場所を二度三度うろうろして注意されたり、職務質問《しょくむしつもん》されたりしたことは何度かありますが、危険《きけん》な目には遭《あ》いませんでした。幸運だった。

世界で起こるイスラム教徒による無差別テロ事《じ》件《けん》について、イスラム世界に住む一般《いっぱん》市民はどのように考えているのだろう。わたしが旅をして話をしたかぎりにおいては、ほとんどの人は、「よくないことだ。止めるべきだ」といいます。とくに先生たちは、子どもたちをまきぞえにした事件《じけん》には、怒《いか》りをぶつけてくることもある。テロを正当化してはいないのです。

わたしがイスラム世界を安全に旅することができたのはどうしてでしょうか。

14世紀初頭、イブン・バトゥータというモロッコ生まれのベルベル系《けい》アラブ人がいた。21歳《さい》のとき、故郷《こきょう》を出てメッカ巡礼《じゅんれい》を果たし、30年にわたり旅をつづけ、イスラム世界を目にした。北アフリカ、東アフリカ、アラビア半島をふくむ西アジア、中央アジア、南アジア、東南アジア、中国、イベリア半島などを歩いた。イブン・バトゥータがこれほどの広い地域《ちいき》を旅行できたのは、各地のウラマー（イスラム諸学《しょがく》を修《おさ》めた者）の存在《そんざい》が大きい。彼《かれ》らのネットワークでバトゥータは『コーラン』を手に持ち、次の目的地を目ざすことができた。

では『コーラン』を持たないわたしが、なぜイスラム世界の学校を訪《おとず》れ、先生やその教え子たちと心の底から話し合うことができたのか。

イスラム社会の人びとは、極東の小さな国、日本が日露《にちろ》戦争で大国ロシアに勝利し、太平洋戦争ではアメリカ合衆国に立ち向かい、敗れはしたが、戦後廃墟《はいきょ》の中から立ち直り、繁栄《はんえい》をつづけ独立《どくりつ》を守ってきた――そんなふうに日本の姿を世界史のなかで見てきたのです。日本では、礼儀《れいぎ》を重んじ、規律《きりつ》正しく、潔《いさぎよ》さを尊《とうと》ぶことを彼らは知っているのです。いまもイスラム諸国のどこかで、日本人が汗水《あせみず》を流し、手抜《てぬ》きをしないで働いています。イスラム世界の人びとには、「日本および日本人に対する尊敬《そんけい》の念」というネットワークがあるのです。

２０１９年８月

井上直也

著者が訪問《ほうもん》した国（１９９７～２０１８年）

◇１９９７年７～８月　マレーシア
◇１９９７年９月　ブルネイ・ダルサラーム
◇１９９７年12月　パキスタン
◇１９９８年１～２月　バングラデシュ
◇１９９８年８月　インドネシア
◇１９９８年９月　バングラデシュ
◇１９９９年１月　モルディブ
◇１９９９年４月　モルディブ
◇１９９９年９月　ウズベキスタン、カザフスタン、キルギス
◇２０００年９月　ウズベキスタン
◇２００１年２月　アルジェリア
◇２００１年10～11月　エジプト、チュニジア、モロッコ
◇２００３年10月　アゼルバイジャン
◇２００３年12月　タジキスタン、アフガニスタン
◇２００４年４月　トルクメニスタン
◇２００７年10～11月　ボスニア・ヘルツェゴビナ、アルバニア
◇２００８年２月　リビア
◇２００８年２～３月　イラン、トルコ、レバノン、シリア、ヨルダン
◇２００８年５月　イエメン
◇２００８年12月～２００９年１月　サウジアラビア
◇２０１１年２月　クウェート、バーレーン、カタール、オマーン、アラブ首長国連邦《れんぽう》
◇２０１７年９月　ジブチ、スーダン
◇２０１８年２月　モーリタニア、セネガル、ギニア

《著者略歴》

井上直也（いのうえ なおや）

1941（昭和16）年　上海に生まれる。

1963（昭和38）年　早稲田《わせだ》大学政治経済《せいじけいざい》学部卒業。

1960年代後半から、幼児《ようじ》・児童の語学教育と野外活動教育を目的とする教室を開く。1970年代に語学野外活動の一環《いっかん》として、アメリカ合衆《がっしゅう》国の諸《しょ》都市（ロサンゼルス、サンフランシスコ、シカゴ）を中心に、毎夏、小学生のホームステイを実施《じっし》する。

1996年から太平洋の島国、ユーラシア大陸とアフリカ大陸の国ぐにを合わせた111の国ぐにの学校を見学し、先生と教え子たちの強い結束を肌《はだ》で感じる旅をつづける。

1997年から2018年にかけて、アジア、ヨーロッパ、アフリカにあるイスラム37か国の幼稚園、保育園、小学校、中学校、高等学校を訪《たず》ねる。

2000年、日本で「アジア大自然の学校生活・写真と詩」展を開催《かいさい》（外務省後援《がいむしょうこうえん》。4月奈良《なら》、5月東京、8月山梨《やまなし》（清里）、10月京都、11月名古屋）。以後、国内、ウズベキスタン、スペイン、フランスで「写真と詩」展を開催。

東京都世田谷区松原4－35－17在住。

アゼルバイジャンの小学校にて　左・著者

参考文献《ぶんけん》
『日亜対訳　クルアーン』監修・中田考、訳・中田香織、下村佳州紀、作品社
『ハディース——イスラーム伝承《でんしょう》集成』ブハーリー著、牧野信也訳、中央公論新社
『世界年鑑《ねんかん》2019』共同通信社
『世界国税図絵 2018／2019』公益財団法人矢野恒太記念会

使用機材等について
フィルムカメラ：ペンタックスMZ3、MZ5、645NII
　フィルム：コダック
　印画紙：富士《ふじ》フイルム
　写真画像《がぞう》アーカイブ：日本写真印刷
デジタルカメラ：ニコンD5500（東・西アフリカ撮影《さつえい》）

イスラム世界を訪《たず》ねて
——目的地は、学校です

2019年10月20日　初版第1刷発行

著　者　井上直也
装　丁　浅井充志
発行者　竹村正治
発行所　株式会社 かもがわ出版
〒602-8119　京都市上京区堀川通出水西入
TEL 075-432-2868　FAX 075-432-2869
振替　01010-5-12436
http://www.kamogawa.co.jp
印刷所　シナノ書籍印刷株式会社

ISBN978-4-7803-1052-8　C0095　Printed in Japan